SI NO VAS... ¡NO HAS IDO!

Y EL DERECHO A SER BIEN DIRIGIDOS

PACO MURO

NUEVA EDICIÓN,
BEST SELLER INTERNACIONAL
CON MÁS DE 200.000 LIBROS
VENDIDOS EN 6 IDIOMAS

SI NO VAS... ¡NO HAS IDO!

Y EL DERECHO A SER BIEN DIRIGIDOS

EMPRESA ACTIVA

Argentina – Chile – Colombia – España
Estados Unidos – México – Perú – Uruguay

1.ª edición: septiembre 2025

ISBN: 978-84-18308-17-8
E-ISBN: 979-13-87750-71-8
Depósito legal: M-15.453-2025

Fotocomposición: Urano World Spain, S.A.U.
Impreso por Romanyà Valls, S.A. – Verdaguer, 1 – 08786 Capellades (Barcelona)

Impreso en España – *Printed in Spain*

Índice

SEGUNDA PARTE

Los dos compromisos necesarios
para cambiar las cosas

Prólogo

Por Pilar Gómez-Acebo
Presidenta de Outplacement S.A.
y vicepresidenta de CEDE

El ser humano es persona antes que «recurso», y la empresa está formada por personas antes que por «recursos productivos» o no es empresa; será un centro de beneficio a corto plazo o un regalo envenenado para el mercado, pero no se podrá llamar empresa.

Para crear, mantener y consolidar entidades creíbles es necesario replantear los parámetros de gestión e introducir las coordenadas que se nos presentan a través del libro y que podríamos sintetizar en que hemos aprendido y sabemos más de todo que nunca y más que nunca de todo, menos de la verdadera clave de funcionamiento: la *persona*.

Haber relegado la persona al último factor en la escala de la toma de decisiones, nos ha llevado al descontento generalizado. Los últimos estudios indican que el 45 % de los empleados quieren cambiar de trabajo en nuestro país. ¿Qué coste tiene este dato para las empresas?

En el mismo sentido, un estudio británico afirma que las compañías ganan competitividad cuando son capaces de incorporar mujeres a puestos directivos. ¿Por qué no va ese dato a la cuenta de pérdidas y ganancias?

Es verdad que no se nos ha enseñado a manejar las relaciones interpersonales y que no sabemos gestionar el ego, pero también es verdad que en el fondo no constituye una prioridad ni para jefes ni para empleados, que preferimos aprender «a hacer» antes que «a convivir», porque esto requiere más implicación personal y, por tanto, exige más de nosotros.

El texto nos va dando soluciones en clave humana a muchas de estas problemáticas que todos vivimos cotidianamente y que, por falta de reflexiones como las que aquí se plantean, solucionamos con decisiones autoritarias y con medidas drásticas, cuantitativas e inoportunas, a las que irónicamente vestimos de estratégicas, sin darnos cuenta de que estamos agudizando el problema y sembrando la desconfianza del ser humano en el ser humano.

Utilizo un símil de Edward de Bono en la historia del suicida que se tira desde un rascacielos y, al pasar por el tercer piso, comenta: «hasta ahora todo va bien».

Nos queda poco, pero aún estamos a tiempo de reaccionar.

Gracias, Paco, por esta aportación que nos permite abrir los paracaídas que eviten el golpazo y que permitan, aunque sea en última instancia, reconducir el salto hacia la confianza y la cordialidad que transformen la econometría en economía.

Introducción

¿Es posible compaginar la actividad profesional y la vida personal y familiar? ¿Cómo conseguir que trabajar y vivir con calidad sean actividades compatibles? ¿Quién debe poner los medios para lograrlo?

Estas preguntas las compartimos multitud de profesionales que sentimos que esto no va bien. Sabemos que algo falla, pero no es fácil dar con la solución. Demasiadas veces se cae en la fácil tentación de culpar a «los otros», a los jefes, a los empleados, a los empresarios... Aunque lo cierto es que todos formamos parte del error. De modo que no es cuestión de buscar culpables, sino soluciones.

Claro que es posible alcanzar un equilibrio válido entre la vida profesional y la personal. Es una opción real... si todos juntos nos ponemos a ello. Aunque un cambio tan sustancial como este necesita que todos nos impliquemos y participemos, cada uno desde su remo, desde su puesto, desde su compromiso por hacer un mundo mejor.

¿Trabajar menos? ¿Ganar menos? No, esa no es mi propuesta. Mi propuesta es trabajar mejor y ganar más: más rentabilidad, más productividad, más felicidad, más sentido común y más calidad. Calidad de vida y calidad de trabajo.

Esta es mi pequeña aportación, aquí, como escritor, pero también como trabajador, como consultor de dirección de personas, como directivo, como padre, como marido, como empresario y como individuo; esta es mi experiencia, a la que añado mi máximo compromiso por dar un paso adelante.

Las parábolas han servido desde muy antiguo para ilustrar, con historias casi siempre imaginadas, conocimientos, enseñanzas e incluso verdades que de otro modo pasarían desapercibidos. En la primera parte de *Si no vas, ¡no has ido!* el lector encontrará ocho relatos que hablan de situaciones y actitudes personales que se dan con frecuencia en el mundo laboral. En la segunda parte, hago una propuesta para que todos los que estamos involucrados en cualquier empresa, cada cual desde su respectiva responsabilidad —desde el empresario y el directivo hasta el trabajador de base—, asumamos un compromiso para hacer de este un mundo mejor.

Sí, sé que es muy difícil, casi utópico. Quizá sea esa la razón por la que nunca nos hemos decidido a ir a por ello. Y quizá por «no ir» lo convertimos en una utopía. Así que, adelante, vayamos juntos hacia el compromiso de vivir y trabajar con calidad.

Paco Muro

PRIMERA PARTE

Ocho historias de hoy

1

Si no vas... ¡No has ido!

«¡Qué mal voy este trimestre en ventas!» Así se lamentaba Tom, uno de los comerciales de la empresa, cuando hablaba sobre su trabajo con su viejo amigo Sergio, el veterano delegado comercial. Mantenían desde hacía años una cita mensual en un *pub* y, mientras disfrutaban de una cerveza, Tom comentaba los mil y un problemas que estaba viviendo y lo difícil que se estaban poniendo las cosas. Sergio, profesional veterano, esperó a que sirvieran una nueva ronda y le dijo:

—¿Conoces el artículo «Si no vas...¡no has ido!»?

—¿Cuál? No... no me suena. ¿Por qué lo dices?

—Te lo voy a pasar, creo que te hace falta. David, nuestro director general, nos lo dio a todos en la última convención. Fue el artículo más fotocopiado del año pasado. Hace poco un directivo de una entidad financiera me contó que muchos de sus directores de oficinas lo tienen guardado en su caja fuerte, como uno de sus tesoros personales. Esta tarde te lo envío y el mes que viene, cuando volvamos a vernos, me cuentas.

Aquella misma tarde, Sergio, cumplidor, mandó una copia del artículo publicado en un conocido dominical económico unos meses atrás:

Muchas son las tentaciones que acechan a los vendedores para justificar resultados insuficientes. Tantas que, a menudo, caen en la trampa y llegan a creerse las excusas fáciles, bajan el rendimiento y provocan sin querer que se hagan realidad los malos augurios; entonces, los molinos se convierten en gigantes. Se oyen por doquier lamentos como que el mercado está difícil, que la competencia aprieta, que no hay alegrías en el sector, que nuestros precios son malos, que tardamos mucho en contestar, que la zona es muy grande, que se está desbordado de trabajo y no hay tiempo para nada... Y posiblemente la mayoría de ellas sean objeciones ciertas.

¿Cuál es la solución? ¿Cómo se sale de este círculo vicioso que mina la moral del vendedor y repercute en sus resultados?

> **Cada vez que captamos un nuevo cliente, algún vendedor iluso ha perdido a uno de sus «clientes cautivos».**

Pues, como siempre, haciendo lo que tiene que hacer un vendedor, la esencia de su trabajo: visitar y visitar. Porque lo que ocurre muchas veces es que, entre tanta disculpa, tanto pretexto y tanta desidia, se deja de ir a ver a los clientes que habría que ir a ver. Se deja de llamar todo lo que habría que llamar, y se pierden el ritmo, el tono y las ganas de vender. La mayoría de los clientes dejan de trabajar con sus proveedores ¡por abandono del proveedor! Se abusa de la confianza del cliente cautivo y se deja de ir a verle, hasta que se descubre que de «cautivo» no tenía nada. Basta recordar, que cada vez que captamos un nuevo cliente, algún vendedor iluso ha perdido a uno de sus «clientes cautivos».

La informática, el *telemarketing*, Internet, los CRM y demás gaitas están muy bien, y son excelentes herramientas de apoyo. Pero vender, lo que se dice vender, se hace cara a cara, escuchando, cazando oportunidades *in situ*; pues detrás de cada cliente hay una persona, de carne y hueso, con sus manías y sus deseos Y, si nos olvidamos de tratar con él —de tratarle *a él*—, nos mereceremos perder ese cliente.

A menudo en la empresa que presido decimos: «¡Si no vas... ¡No has ido! Y si no llamas... ¡No has llamado!».

> **Detrás de cada cliente hay una persona,**
> **con sus manías y sus deseos,**
> **y si nos olvidamos de tratarle a ÉL,**
> **nos mereceremos perder ese cliente.**

Y esto nos sirve para recordarnos unos a otros que, esté como esté el mercado, el producto y lo que se quiera echar en el saco de las pamplinas, lo que hay que hacer es visitar, ir, llamar. Porque si no vas... pues eso, que no has ido; y si no has ido es seguro que no habrás podido captar oportunidades, generar negocio, vender imagen, lograr una recomendación, enterarte de un cambio futuro que te afecta, lograr un pedido inesperado de esos que aparecen cuando vas, y un largo etcétera de cosas buenas que le ocurren al vendedor que va, al que llama.

Es bueno tener siempre presente que en ventas la suerte existe, ¡pero te tiene que pillar visitando! ¿Que el mercado está durillo? ¡Pues a visitar! ¿Que la competencia aprieta? ¡Pues a visitar más aún! ¿Que se anuncia la llegada de un meteorito gigante que a lo peor podría arrasar el mundo? ¡Pues a visitar, pero ya, por si acaso!

Y lo demás, cuestiones de segundo plano. Si vas, a lo mejor hay pedido o a lo mejor no, pero si no vas... ¡Claro que el mercado te parecerá duro y la competencia potente! Y todas las justificaciones que nos argumenta el inútil, vago y perezoso que todos los vendedores tenemos dentro se aparecerán ante tus ojos magnificadas.

> **En ventas la suerte existe,
> ¡pero te tiene que pillar visitando!**

Afortunadamente, también tenemos dentro a ese profesional «marchoso» que disfruta de la aventura, al que le encantan los retos, al que divierte el contacto con la gente, que vive intensamente la libertad del vendedor, que saborea cada logro, que persevera como un perro de presa, que cuando se encuentra con un cliente que le trata con desdén, lejos de venirse abajo, grita para sus adentros: «¡Ríe, ríe, que "me vengaré" vendiéndote!».

Ese auténtico profesional es el que debemos despertar cuando el veneno de la mediocridad nos amenace. Y la mejor forma de alejarlo es visitar y visitar. Porque la visita es la esencia de la venta, es el patio de operaciones del vendedor, es su momento de la verdad, allí donde se juega el todo o nada, el firma o no firma. Es aquel momento en el que se saborea la adrenalina comercial que alimenta el espíritu del profesional de la venta.

Que sí, que hay que planificar, que hay que preparar, que hay que pensar, ¡pero visitando! Si además de organizarse bien, se tiene una alta calidad de visita por una gran técnica comercial, ¡fantástico! Pero muchos son los que dicen: «Es que necesito prepararme mejor», «Es que me falta formación», «Es que no tenemos suficiente soporte, o el folleto está obsoleto», «Es que, es que...» y mientras tanto pasan las horas, los días, las semanas... y no han ido.

> **La visita es la esencia de la venta, es el momento de la verdad, aquel en el que se saborea la adrenalina comercial que alimenta el espíritu del profesional de la venta.**

Así que mientras te lo piensas y mientras alguien trata de modernizar el folleto, mientras esperas para poder hacer alguna buena formación —que siempre es algo sano y recomendable para un profesional—, y hasta que los dioses del Olimpo económico decidan llenar el mercado de clientes deseosos de llamarte por propia iniciativa y gastar cantidades ingentes contigo... ¡visita!

Porque si no vas, dejémonos de historias: ¡no has ido!

Sergio estaba deseando ver a Tom para que le contara sus impresiones tras la lectura del artículo. Pidió un par de cervezas y, antes de que las sirvieran, apareció su entrañable amigo, que se apoyó en la barra, le miró de lado y dijo, con una sonrisa en los labios:

—Eres un... Cuatro veces estuve a punto de llamarte para decirte de todo. Pero, cuando mi ego se calmó por la estocada recibida, aproveché la energía del enfado conmigo mismo y la transformé en coraje. He llamado como nunca, he visitado a saco, y lo más «cabreante» es que he conseguido en un mes más expectativa de negocio que en todo lo que va de año. En fin, que tenías razón, que gracias por mandarme el artículo. Estas jarras, las pago yo.

—Me alegro por ti. A mí me pasó lo mismo cuando mi jefe nos lo pasó a todos los del Departamento de Proyectos. Al principio sentí rabia, pero un par de días después ya no se oía una sola queja y estábamos todos «yendo» como locos.

—En fin, cosas que pasan. Por cierto, Sergio, ¿dónde has aparcado el coche?

—¡Uf! A cinco manzanas de aquí. Vi un hueco y aproveché, por si acaso, porque esta zona está imposible últimamente.

—¡Te pillé, chaval! La próxima ronda va por tu cuenta.

—Pero ¿por qué?

—Porque mucho dar lecciones, pero luego eres el primero en picar. El artículo no solo vale para vender, también es para todos los que «no van» a por las cosas de la vida, porque es más fácil acomodarse recapitulando las disculpas que ponerse en marcha. Yo lo he empezado a aplicar a todo y, por ejemplo, me he dado cuenta de que «solo aparca en la puerta el que va hasta la puerta». Y ¿adivinas dónde tengo el coche hoy?

—No me digas... ¿en la puerta? Eso sí que es suerte.

—Sí, ya, la suerte del que «ha ido». Porque ahora lo intento, voy hasta la puerta por si acaso, y lo consigo muchas más veces de las que piensas. Anda, paga y aprende del maestro.

Sergio se hizo cargo a gusto de la ronda. Unos minutos más tarde entraron dos personas en el *pub* y Tom comentó.

—¿Has visto quiénes son? Ella es una de las directivas más importantes del mundo y él es el famoso empresario innovador que lo está revolucionando todo ¿Quiénes serán los afortunados con los que se codeen hoy?

Sergio añadió:

—Desde luego, ¿quiénes serán los que hablen con esa gente tan importante y hasta puede que los consigan como clientes?

Los dos se quedaron resignados en silencio y sorprendidos ante la presencia de personajes tan relevantes en aquel local, pero pasados unos segundos se miraron el uno al otro y clamaron al unísono abriendo las manos:

—¡Si no vamos… no habremos ido!

Así que, cogieron raudos sus jarras, se pusieron en pie y se acercaron para presentarse y charlar con ellos. La pareja les invitó encantados a sentarse juntos. Lo que ocurriera despúes es otra historia, pero ahí estaban… ¡Porque fueron!

2

¡Rema!

—¡Cada uno a su remo!

Con estas palabras terminó David Borj, director general de una empresa de distribución, la última reunión trimestral de seguimiento a la que asistía todo su equipo.

—Tú y tus historias noruegas —comentó mientras salían, Sergio, uno de los delegados comerciales, al que le divertía la peculiar forma de resolver los conflictos de David. Ahí se notaba su origen nórdico, con esas expresiones y explicaciones que sorprendían a sus colaboradores.

El tema surgió cuando comunicó a todos que había tomado una decisión sobre un cambio en el plan de productos para lograr una mejora estratégica de posicionamiento. La noticia provocó cierta tensión y un aluvión de pegas y problemas desde todas las áreas.

David intentó dialogar con unos y con otros, estuvo abierto a un clima participativo, pero finalmente, al ver que la cuestión no llevaba buenos derroteros, detuvo el debate, tomó la palabra y relató a todos una leyenda que, así lo dijo, se la contó a él su padre, y a este el suyo.

Al acabar la historia cedió de nuevo la palabra al grupo y esperó, pero esta vez nadie abrió la boca. Así que decidieron que, en la siguiente reunión, el que lo deseara aportara sus criterios; eso sí, según el nuevo código aprendido tras el relato. Y mientras todos se ponían en pie lanzó la frase del remo como despedida.

Esta es la historia, tal como la contó:

Olaf, el experto capitán de un barco vikingo, tenía la trascendental misión de aprovisionar de víveres a la Gran Aldea antes de que el crudo invierno la aislara. Aquella zona quedaba incomunicada por tierra y mar durante meses, hasta que el deshielo permitía de nuevo el contacto con otros lugares. Por ello, aquel viaje era el más importante que hacía cada otoño. Y ese año el reto era aún mayor, pues el milenario puerto de Nervik, que durante siglos había sido su punto de abastecimiento, acababa de ser arrasado por las agresivas hordas del este.

Así, la única posibilidad de abastecerse estaba en Reyka, un poblado situado a varias jornadas de difícil navegación. Para llegar hasta allí debían entrar en el largo fiordo de Nork, y remontar unas millas la desembocadura de un gran río que vertía su caudal en él. Las fuertes corrientes hacían la navegación realmente peligrosa. Eran aguas turbulentas, con traicioneros remolinos y orillas infestadas por innumerables rocas, apenas visibles, difíciles de sortear.

La travesía iba a ser arriesgada, y Olaf sabía bien que solo con grandes dosis de pericia y osadía alcanzarían el objetivo. Pero no había opción, pues se trataba de la supervivencia de toda la tribu.

Al divisar el entrante, el capitán comunicó las instrucciones a su tripulación:

—Mis bravos vikingos, nos aproximamos a la parte más difícil de nuestra misión. Entraremos por la orilla norte, sorteando las rocas. Milla y media más adelante, viraremos hacia el centro del fiordo para evitar las corrientes laterales. Ahí el vigía nos advertirá de los posibles remolinos que se formen ante nosotros, para esquivarlos a tiempo. Tras esta fase, venceremos el empuje de la desembocadura y pondremos proa directamente hacia el río con el máximo empuje. Una vez pasada la desembocadura, el resto ya será más sencillo, pues río arriba las aguas son mansas y la profundidad suficiente para bogar sin problemas.

Tras oír esas palabras, Erik, uno de los marineros más veteranos, soltó el remo que tenía asignado y se levantó para mostrar su opinión en voz alta:

—Olaf, yo no estoy de acuerdo con ese plan. Tengo entendido que hay muchas rocas y será realmente arriesgado. Además, los remolinos no siempre se ven a tiempo y, en el tramo final, la corriente es muy fuerte y será difícil vencerla aun con viento a favor y bogando con todas nuestras fuerzas. Este barco tiene muchos años y el mástil no es fiable ante las fuertes tensiones que tendrá que soportar.

Al capitán no le gustó aquella crítica, aquel pesimismo. Por unos instantes, estuvo tentado de sacar el látigo e imponer su criterio por la fuerza, pero aquel era uno de sus mejores hombres y pensó que tal vez otros compartían su opinión. Su plan era arriesgado y él era plenamente consciente, pero la misión era crucial y necesitaba que cada uno pusiera lo mejor de sí en el empeño.

> Cuando hay demasiado en juego,
> no se debe arriesgar todo
> solo por no haber sido capaz
> de escuchar otra alternativa.

No tenía la certeza absoluta de que sus decisiones fueran las correctas, así que cualquier solución sería bienvenida. Si no llegaban rápido y se abastecían en Reyka, mucha gente de su poblado moriría ese invierno. Además, era urgente tomar una decisión porque pronto cambiaría la marea y ya sería imposible acometer la travesía. Había demasiado en juego para tirarlo todo por la borda solo por no haber sido capaz de analizar otra alternativa, así que finalmente decidió controlar su ira y mostrar ante todo su talante abierto a la participación de los expertos:

—Bien, conozco este paraje y sus dificultades, y reconozco que mi plan no es infalible; estoy dispuesto a asumir mi responsabilidad. En épocas anteriores he padecido a capitanes estúpidos que, cegados por su vanidad y su orgullo, fueron incapaces de admitir otros enfoques distintos a los suyos, y más de una vez eso nos llevó a naufragar. Así que, mi buen Erik, yo ya os he contado mi plan, y estoy dispuesto a escucharte. ¿Tienes una alternativa mejor para llegar a tiempo a nuestro destino?

El marinero, que hasta ese instante solo había expuesto los inconvenientes y los problemas, se quedó pensativo mientras el resto de los compañeros aguardaban con interés alguna respuesta. Ante la expectativa creada, Erik se aprestó a decir:

—Ante todo quiero dejar claro que, aunque tuviera un plan, no quiero asumir la responsabilidad por una decisión tan comprometida.

—No te preocupes —lo interrumpió Olaf—. La decisión final será mía, y mía por tanto la responsabilidad. Solo te pido que, ya que has manifestado inquietudes y dudas y te veo con ganas de cuestionar, propongas soluciones para que podamos ejecutar esta misión con mayores posibilidades de éxito. Ver los fallos en la idea de otro es fácil, hasta el más torpe es capaz de hacerlo, pero lo realmente útil no es criticar lo que hay, sino dar alternativas inteligentes que mejoren la idea inicial. Bien, repito la pregunta: ¿tienes alguna alternativa mejor?

Tras casi un minuto de silencio, Erik se decidió a hablar y compartir sus conclusiones:

—Realmente no se me ocurre ninguna otra ruta que sea menos arriesgada. De hecho, confieso que no conozco bien estas aguas, así que no sé cómo acometer esto de forma más segura.

**Es fácil ver los fallos en la idea de otro.
Lo realmente útil no es criticar
lo que hay, sino apoyarlo
o dar alternativas inteligentes
que mejoren la idea inicial.**

—Bien, Erik —respondió pausadamente el capitán, haciendo gala de su ejemplar templanza—. En ese caso, sigue buscando posibles soluciones y, si descubres una alternativa mejor, no dudes en aportarla de inmediato; serás escuchado con toda mi atención. Pero, mientras piensas, ¡cállate y rema con todas tus fuerzas, por Odín!.

Sí, finalmente Olaf y su tripulación llegaron a Reyka, se abastecieron de alimentos y un invierno más la Gran Aldea sobrevivió al rigor de un clima polar. La capacidad de decisión de este capitán y el esfuerzo aunado de todos y cada uno de sus hombres lo hicieron posible.

> **Si no tienes una alternativa mejor, sigue pensando. Pero entretanto… ¡rema con todas tus fuerzas!**

3

¿Y si se desmotivan y se quedan?

David recibió una llamada del director general de una de las empresas de las que eran asesores. Estaba preocupado porque su compañía vivía una rotación de profesionales cualificados que cada vez iba a más. De hecho, sospechaba que varios de sus principales profesionales se planteaban dejar la empresa.

Aunque había analizado a fondo este fenómeno, no acababa de entender por qué ocurría. La remuneración de las personas clave de la compañía había sido revisada hacía poco y había quedado por encima de la media del sector; con todo, no había conseguido atajar el problema. Temía que el asunto se le fuera de las manos.

Así que decidió consultar a David, al que consideraba un profesional de confianza, con el que muy de cuando en cuando le gustaba compartir ideas e inquietudes. Siempre había creído que quien es ajeno al problema ve antes la solución que, por evidente, obvia el que está inmerso en él.

—David, estoy en una situación incómoda. Pierdo a la gente que más necesito para sacar adelante la empresa. Ya se han ido algunos, pero me temo que pronto se marcharán más; personas imprescindibles para alcanzar nuestros objetivos. Quizá si insistiera en mejorar su salario sería más sencillo retenerlos, no sé qué hacer. Temo que se desmotiven y se vayan.

—Eugenio, creo que minimizas el problema. Tal como me lo planteas, la cosa es más grave de lo que imaginas.

—¿Más aún? ¿No te estoy diciendo que igual se me van algunos de los mejores?

—Sí, pero retenerlos de cualquier forma no solucionará nada. Sería peor que se desmotivaran y se quedaran. ¡Sería como no tenerlos, y te costaría una fortuna! La ilusión es la gasolina del talento. Sin ella, el conocimiento, la experiencia, el entusiasmo y la inteligencia rinden muy por debajo de su potencial, e incluso se paran.

> **La ilusión es la gasolina del talento.**
> **Sin ella, la experiencia, el entusiasmo**
> **y la inteligencia rinden muy por debajo**
> **de su potencial.**

—¡Vaya, eso no lo había pensado! El tema es gravísimo. Necesito que se queden, pero que se queden ilusionados, satisfechos consigo mismos y con la empresa. Si no es así, no podrán ilusionar a los demás ni aportar lo mejor de sí mismos. Y esto es esencial, pues nuestros próximos retos son trascendentales para el futuro de la compañía.

Eugenio decidió cambiar de enfoque y le pidió a David que le ayudara a crear un plan de acción específico para recuperar la ilusión de los mejores y lograr que volvieran a sentir orgullo de pertenencia. Y para empezar quiso concretar con su asesor los medios que necesitaría.

—¿Cuánto dinero hará falta para esto, David?

—Veo que aún no lo entiendes. No es una cuestión de dinero, sino de *valor*.

—No te sigo. ¿Cómo que de valor? ¿Es que el dinero no tiene valor?

—Sí, sobre todo cuando falta. Pero no es este el caso. La retribución de tu gente es correcta. Así las cosas, los problemas de motivación no se resuelven con dinero. Hace falta algo superior y mucho más preciado por los profesionales de nivel.

—¿Qué es? ¿Cuánto cuesta?

David le sonrió en silencio a Eugenio y, tras unos segundos, respondió:

—Hace falta imaginación. Y cuesta más de lo que crees, pues no es cuestión de tener, sino de querer. Tenemos que hacer que las personas se sientan estimadas, valoradas y que aprecien que esta empresa aporta valor a sus vidas profesionales y personales.

> **Tenemos que hacer que las personas
> se sientan estimadas y que aprecien
> que la empresa aporta valor a sus vidas
> profesionales y personales.**

El directivo llevaba demasiado tiempo enfrascado únicamente en los resultados, los números y las decisiones, y había perdido contacto con la realidad humana del día a día del trabajador. Así que decidió confiar en su asesor, dispuesto a aprender una nueva lección de la vida empresarial.

Tras un estudio de las necesidades individuales de cada hombre y cada mujer, salieron a la luz diversas demandas y deseos. Quedó claro que algunos de los mandos que llevaban mucho tiempo en la compañía precisaban cambiar de departamento para encontrar nuevos retos, y así se hizo para recuperar ese entusiasmo perdido. Otros necesitaban adaptar sus horarios para organizar mejor su vida doméstica, y para ellos se estableció un sistema flexible que permitía a cada uno ajustar su horario a su realidad personal. También se buscó la forma de facilitar las cosas a los que tenían hijos en edades escolares. Otros tan solo necesitaban reconocimiento, aprecio por su trabajo y sus logros.

> **Cegado por la obsesión de alcanzar
> grandes resultados, casi acabo
> con el elemento más importante
> para conseguirlos: las personas.**

Se hizo un programa de formación del máximo nivel en gestión y trato de personas, para que todos los mandos mejoraran su estilo de dirección.

De esta forma, cada uno y cada una encontraron un equilibro emocional que generó nuevos bríos en ellos y, a través de ellos, en sus equipos. Pronto volvió la energía positiva a la compañía y, para asombro de Eugenio, incluso alguno de los «fugados» regresó a la empresa.

—Amigo David, ¡qué equivocado estaba! Nunca pensé que fuera tan importante atender a las personas. He estado tan cegado por la obsesión de alcanzar grandes resultados que ¡casi me cargo el elemento más importante para conseguirlos! Ahora he comprendido que ocuparse de satisfacer las necesidades emocionales de los empleados es parte del valor que aporta una empresa hacia su gente. El valor para los profesionales clave no está solo en el dinero, sino en los hechos concretos que demuestran la capacidad de una empresa y sus directivos para lograr que estos empleados se sientan respetados y apreciados. Por ello, temas como la flexibilidad o propiciar la conciliación de la vida personal y profesional no es solo un discurso social, es una verdadera herramienta de gestión y motivación, es un verdadero objetivo de liderazgo. Solo así conseguiremos retener y mantener el entusiasmo de los mejores y contagiarlo a todos los demás.

Para los profesionales clave,
lo importante no es solo el dinero.
También lo son los hechos concretos
del día a día de los que los dirigen,
que les demuestren que son respetados
y apreciados.

4

No me lo digas... ¡Demuéstralo!

Hugo, un profesional con larga experiencia, se quedó sin empleo tras una necesaria reestructuración en la empresa para la que trabajaba. Se puso a buscar trabajo y, después de varios intentos, se dio cuenta de que la cosa no iba a ser tan fácil como creía. Tuvo una oferta poco atractiva de una empresa sin un proyecto claro; le preguntaron si estaría dispuesto ir a países lejanos o si aceptaría un proyecto de corta duración.

Al fin encontró algo con proyección de futuro y cierta estabilidad. La empresa de David, que gozaba de un alto prestigio por la calidad de sus servicios y de sus profesionales, buscaba gente experimentada para incorporar a su plantilla comercial. El puesto parecía prometedor, pero, eso sí, tenía que empezar de cero, ya que no conocía el sector, los productos ni la forma de hacer de la nueva empresa. Comenzó con un buen salario de partida, aunque era claramente inferior al que disfrutaba en su anterior puesto.

Cuando llevaba unos pocos meses en la compañía y aún no había empezado ninguna gestión, fue a ver al director y le comentó:

—Verás, estoy contento en esta empresa, pero para serte sincero, David, he de decirte que mi sueldo es escaso. El trabajo me gusta, sé que voy a hacerlo bien y comercialmente tengo plena confianza en que lograré captar clientes y desarrollar proyectos. Pero insisto en que el salario inicial es demasiado ajustado. Claro que hay comisiones por resultados, pero todos sabemos que, hasta que aprenda y mis gestiones den frutos, tardaré en obtener la cantidad suficiente. Ten en cuenta que yo antes ganaba mucho más...

A David no le sorprendió esta reacción del recién llegado. De hecho, sabía que había contratado a una persona de perfil alto, con mucho potencial, así que le parecía normal aquella duda.

> **Si demuestras con resultados el potencial que afirmas tener, todo encontrará su sitio: tus ingresos, tu rendimiento y el equilibrio en la empresa.**

Así que le preguntó:

—¿Me estás diciendo que necesitas tu anterior salario para mantener el ritmo de vida al que estabas acostumbrado o que consideras que «vales» ese salario como profesional de este negocio?

Hugo se quedó un tanto desconcertado. La verdad era que había hecho las cuentas según sus hábitos y necesidades personales, y no se había planteado si su aportación de valor era coherente con esa cifra. Con todo, creía en sí mismo y en sus posibilidades de desarrollo en esta nueva faceta y, por tanto, añadió:

—Supongo que es la cifra que encajaría en mis números personales, pero además es la que sinceramente creo que debería ganar.

David, se limitó a decir:

—Bien, si eso es así todo irá bien. Aquí tenemos un sistema de retribución que aporta un buen fijo y muy buenas posibilidades de aumentarlo con el variable. Trabajando mucho y bien se puede hasta duplicar el salario de partida, que es más de la cifra que comentas. Algunos ya lo han logrado. Si aprendes rápido, trabajas correctamente y demuestras con resultados todo ese potencial que afirmas tener, y que yo comparto, todo encontrará su sitio: tus ingresos, tu rendimiento y el equilibrio en la empresa. Así que, por mi parte, no tendré ningún inconveniente en pagarte esa cifra si te la ganas. Es más, te he contratado con la esperanza de que te la ganes. No volveremos a tratar el asunto del sueldo: la valía profesional no es un tema para comentar, simplemente se demuestra.

> La valía profesional no es un tema
> para comentar, simplemente se demuestra.
> Es más fiable juzgar a las personas
> por lo que hacen que por lo que dicen.

Y añadió:

—Si crees que ese es tu nivel salarial, adelante. No me hables de lo que vales, simplemente: ¡hazte valer! Merécete lo mejor y lo tendrás. Hace mucho tiempo que aprendí que es más fiable juzgar a las personas por lo que hacen que por lo que dicen. Los directivos necesitamos gente valiosa que aporte buenos resultados; esa es la mejor garantía de que puedes alcanzar lo que deseas. Hugo, si demuestras que vales, ten por seguro que yo seré el primero que haré lo imposible para que estés contento, motivado e implicado en esta empresa.

> **Todos los directivos necesitan gente valiosa que aporte buenos resultados: ¡Hazte valer y alcanzarás lo que mereces!**

5

¿Lo fenomenal de tener jefe?

«¿Quién me iba a decir a mí que algún día lo diría? ¡Es fenomenal eso de tener jefe!»

Así se expresaba David. Se encontraba en una cena de la asociación del sector y compartía mesa con Elena, una colega de otra entidad que también ocupaba la dirección general de su empresa. La charla era agradable y la compañía la apropiada para desahogarse. Por ello aprovechó la ocasión para comentar libremente algunas conclusiones que su experiencia le había aportado:

—Hace años, cuando era un simple empleado, solo me preocupaba de mi parcela de trabajo. Era muy fácil cuestionar las decisiones de «los de arriba», y mientras tanto bastaba con cumplir con lo que uno tenía que hacer para lucirse. Incluso me permitía proponer alternativas e ideas, porque sabía, claro, que al final era otro el que debía asumirlas. Más tarde accedí a un puesto como mando intermedio. Mi inquietud por asumir tareas debió llamar la atención y sustituí al encargado de mi área cuando se marchó. En ese puesto, lo único que se añadía a la faceta anterior era que me tocaba «hacer hacer». Mi labor consistía en trasladar a mi equipo lo que se había decidido. Mi ámbito para cambiar las cosas era pequeño y mis decisiones eran de corto alcance. No vivía las decisiones estratégicas y una vez más me sentía liberado de las grandes responsabilidades. Al fin y al cabo, eran otros los que habían tomado la decisión de seguir determinado camino, lanzar ese producto, asumir unos objetivos o diversificar, etc. Y todavía podía cuestionar lo que decidían arriba.

Elena seguía divertida la exposición de su viejo amigo. De algún modo, se veía reflejada en muchas de las cosas que decía. Incluso se aprestó a añadir:

—Siempre parecía que los de arriba no hacían nada, ¿verdad? Porque éramos nosotros quienes sacábamos el trabajo adelante. Al menos eso era lo que me parecía. Y veía la figura del director general con cierta envidia: «director y general»; eso de ser director con el poder de un general tenía que ser el sumun.

—¡Es cierto, yo también lo pensaba! Entonces empecé a escalar puestos en mi carrera profesional. Cada vez tenía más cancha para decidir cosas, pero siempre tenía arriba uno que mandaba y marcaba la línea a seguir. Cuando más tarde llegué «arriba», vino mi gran sorpresa. Para empezar, lo de director-general no era precisamente como pensaba. La lectura es más: «director en general», es decir, director para todo.

—Desde luego —convino Elena—, la diferencia fundamental es que como director general todo te afecta directamente. Antes en realidad solo me preocupaba mi área, que era mi territorio. El resto de la empresa también era importante, pero lo que ocurriera en otro departamento no era problema mío, sino del responsable directo de esa área. Mi papel en todo caso era quejarme por lo que pudiera afectar a mi equipo o, como mucho, proponer acciones para mejorarlo, pero allá ellos si las aceptaban o no. Siempre me había considerado implicada con la empresa, pero no podías evitar que tu parcela fuera lo principal. Ahora, como directora general, resulta que cualquier incidencia, cualquier problema, te afecta, independientemente de quién deba resolverlo todo. Los resultados de cualquier departamento de la compañía son cosa tuya, entra en tu responsabilidad directa.

—Encima, si quieres mantener un buen clima, debes repartir el mérito por los éxitos y dar la cara en los fracasos —añadió David—. Ya casi nadie te da la enhorabuena por nada, ni te felicitan aunque hayas conseguido que la empresa mejore o si, gracias a decisiones personales tomadas a tiempo, has evitado una crisis del sector. Poco importa eso. Para los demás es como si tuvieras la obligación de acertar, que para eso cobras un sueldazo.

—Y lo peor es que ¡ya no hay jefe al que cargarle el muerto!

David no pudo contener una carcajada. Por fin podía hablar con alguien que comprendía y compartía las inquietudes íntimas que casi todos los altos directivos tienen. Cuando recobró el aliento añadió:

—Ya no se puede decir eso de «oye, que yo he hecho lo que tú me dijiste» o «ya dije que eso no iba a funcionar». Esas cosas que te liberan moralmente de toda culpa. Ahora resulta que, si te equivocas, armas la de san Quintín, y un error tuyo puede suponer muchas pérdidas. Debes equilibrar los esfuerzos de toda la empresa para que el conjunto resulte un equipo coordinado y triunfador. Debes anticiparte permanentemente al futuro, tomar decisiones a ciegas, solo con la intuición de lo que será adecuado mañana, y a partir de ahí establecer lo que se debe hacer hoy para llegar a ese futuro en las mejores condiciones. Y hacerlo «a pelo», sin bolas de cristal ni garantías.

—Además, con el convencimiento de que muchos no entenderán esos pasos que damos hoy, que los criticarán. Y acabas aprendiendo que es imposible contentar a todos con todo.

—¡Y que lo digas! Si al final sale bien, pocos (por no decir nadie) reconocerán la mano certera del jefe que tomó aquellas decisiones contra viento y marea. El mérito habrá sido de todos, pues para los mandos y empleados han sido ellos los que lo han hecho, sin recordar quién se la jugó pensando y marcando lo que había que hacer.

—En cualquier caso, David, cuando llega ese mañana, el alto directivo ya está inmerso en un «pasado mañana» que se avecina y, mientras, ocurren muchas cosas y afloran innumerables amenazas que los empleados ignoran, e ignorarán siempre, ya que nuestra labor también es transmitir seguridad y serenidad. Las preocupaciones nos las guardamos para evitar tensiones innecesarias en la empresa.

—No, si lo del sueldazo no era por casualidad. Ya me parecía a mí que algo oculto debía tener eso de ser alto ejecutivo, porque hoy nadie regala nada en las empresas, así que si se paga tanto en estos cargos por algo será.

> La diferencia fundamental es que como director general todo te afecta directamente, y lo peor es que ¡ya no hay jefe al que cargarle el muerto!

—Y sabemos que siempre aparecerá algún listillo (como el que quizá fuimos antes nosotros mismos) que dirá, y con razón, que hubiera sido mucho mejor haberlo hecho de otra forma, que vaya burros que somos los directivos. Y digo con razón, porque posiblemente hasta estemos de acuerdo. Lo que ocurre es que esas voces siempre surgen *a posteriori*, cuando ya se ve el resultado y la nueva realidad ya está delante de los ojos.

—¡Así cualquiera, Elena! El lunes es cosa de niños acertar los catorce de la quiniela pasada. Y, digo yo, ¿por qué no llegan esas mismas voces cuando se piden ideas, soluciones y compromisos? ¿Dónde están cuando hacen falta valientes que arriesguen sus puestos para tomar las decisiones estratégicas?

—Pues seguramente trabajando y a la espera, porque es mucho más cómodo tener un jefe que elija y sufra las consecuencias de sus decisiones. En definitiva, la experiencia te acaba enseñando que eso de tener jefe... ¡es un chollo descomunal! Y si encima resulta que es un buen tipo, buen profesional y buen trabajador, ya es para morirse de gusto.

—Por eso me gustaría que los colaboradores, los técnicos responsables de diversos temas en la empresa y los mandos intermedios de cualquier nivel se animaran a ser un poco más comprensivos y colaboradores con sus jefes correspondientes, y en especial con su primer colaborador, el director general. Pues, lejos de lo que pudiera parecer, ningún profesional encontrará a nadie más implicado e ilusionado en que logre los mejores resultados posibles que sus jefes.

—Lo mínimo que debe exigirse a sí mismo un profesional cualificado ante cualquier decisión que venga de arriba y no entienda, o no vea clara, es preguntar antes de prejuzgar, pues las más de las veces las cosas tienen un buen porqué. Y si las explicaciones siguen sin convencer de la idoneidad de dicha decisión, tener muy en cuenta que los directivos, tras cualquier decisión que tomamos, siempre consideramos como una valiosa aportación de valor el que cualquier miembro del equipo proponga una alternativa concreta mejor.

> **Lejos de lo que a veces pueda parecer, no encontrarás a nadie más implicado e ilusionado en que logres los mejores resultados que tu jefe.**

—Y ante la duda... si no hay nada que demuestre que la decisión es nefasta, mejor apoyar al de arriba. Al fin y al cabo será el jefe el que tendrá que cargar con las consecuencias de lo decidido y el que se supone que sabe lo que está haciendo.

—¡Qué a gusto me he quedado viendo que no soy la única que piensa así!

—Pues te digo lo mismo. Y reconozco lo injusto que he sido con algunos de los jefes que he tenido, los que lo hacían correctamente, porque jamás me planteé tratar de comprenderlos. Creía que eran ellos quienes tenían la obligación de hacerse entender, como si tuvieran el deber de ser perfectos. Es ahora cuando he aprendido «lo estupendo» que es tener jefe.

—Lo que no quita que hicimos muy bien en mandar a freír gárgaras a unos cuantos que no merecían nuestro esfuerzo.

—Eso también es cierto.

> **Los buenos jefes siempre consideran una aportación de valor que alguien les proponga una alternativa concreta mejor.**

6

El liderazgo de El mago de Oz

Marina, la directora financiera de la empresa, había elegido una película clásica para verla con su hija. Había visto *El mago de Oz* varias veces, pues era una de sus historias favoritas, por eso, aunque era ya una directiva de éxito en una multinacional, todavía mantenía la ilusión por esa película y deseaba compartirla con su pequeña.

Pero esta vez Marina se sorprendió al contemplar en el relato algo que no había sido capaz de ver hasta ese día. Al día siguiente, durante la comida, comentó con David sus observaciones.

—Ayer vi con mi hija la película *El mago de Oz* y, en esta ocasión, me ha parecido ver ideas de dirección que nunca había percibido antes. ¿Es una tontería lo que estoy diciendo?

—Ni mucho menos. ¿Sabías que no solo se trata de una historia extraordinaria, que se ha convertido en un clásico, sino que el autor recogió entrelíneas elementos fundamentales del liderazgo? Quizá porque, cuando realizó esta obra, Frank Baum aún no era un escritor propiamente dicho, sino vendedor de una compañía, y posiblemente se inspiró en algunas de las cosas que vio y vivió en la empresa en la que trabajaba.

—No lo sabía. Creía que siempre se había dedicado a la literatura.

—Qué va. Eso le llegó después. Fíjate, en la historia, los tres personajes que acompañan a la protagonista acuden al mago para lograr algo: el muñeco de hojalata, un corazón para sentir las emociones; el espantapájaros, un cerebro para pensar con inteligencia, y el león, valor para afrontar las situaciones complicadas. Y estos son, precisamente, elementos clave del talento directivo:

El corazón es la fuente de la pasión; es capaz de movilizar montañas y voluntades. Sin corazón no hay ilusión, ni entusiasmo. Representa el lado emocional de la dirección de personas y la gestión de proyectos. Un buen directivo es el que cree firmemente en el proyecto y así lo transmite a los demás. Es quien cree y apuesta por el equipo que le rodea, y que permite que el equipo así lo sienta. El corazón nos ayuda a tratar a los demás como personas y no como máquinas o «recursos». El corazón nos hace estimar al equipo, a los que nos ofrecen lo mejor que tienen. Todo el aprecio y la dedicación que uno entrega a sus colaboradores, retorna en fidelidad, entusiasmo y plena implicación.

La inteligencia, el pensamiento y la reflexión son piezas indispensables para un buen directivo. Debe basar sus decisiones en juicios razonables, dirigir «con cabeza» y demostrar un criterio coherente en todas sus actuaciones. El cerebro debe dar forma a lo que dicta la intuición. Es una pieza clave que proporciona método, planificación, preparación, reflexión y aquellos aspectos conscientes que debe cultivar y desarrollar todo directivo para alcanzar el éxito como gestor, es decir, hacer que el equipo al que dirige logre el éxito.

> Toda la estima, el aprecio y la dedicación que uno entrega a sus colaboradores, retorna en fidelidad, entusiasmo e implicación.

Y, por último, **el valor,** la pieza que completa el trío básico. Sin valor no se asumen decisiones, retos, cambios, riesgos, errores, desarrollos ni delegación ni nada de nada. Todo lo que el corazón haya deseado y el cerebro pensado y preparado, puede quedarse en el camino si no se pone el valor necesario para llevarlo a cabo.

Los hay que tienen valor para decidir y cambiar las cosas cuando los resultados van mal. Ese es un buen grado de valor que muchos no tienen. Pero el grado más alto, el que muy pocos logran tener y mantener, es el de cambiar las cosas cuando todo va bien. El de tomar hoy las decisiones que permitirán anticiparse a los cambios de mañana. Y este valor es especial porque, probablemente, esas acciones que se emprendan hoy serán incomprendidas por la mayoría y cuestionadas por muchos, ya que no es fácil asumir cambios cuando todo marcha bien. Incluso los mejores líderes saben perfectamente que estas acciones las acometen sin garantía alguna de éxito final.

> **El grado más alto de valor, el que muy pocos tienen, es el de cambiar las cosas cuando todo va bien.**

—Qué pena que estas tres capacidades básicas de la dirección no se fomenten mucho más e incluso que no se exijan con rigor —dijo Marina—. Si algún directivo flaquea en alguna de ellas, debería ser apartado cuanto antes de su puesto y recibir la ayuda necesaria para que recupere las virtudes perdidas. Si lo logra, bienvenido de nuevo, y si no, que se quede donde pueda aportar sus dotes, que seguro serán muchas, pero no para dirigir los destinos profesionales de las empresas y las personas que las integran.

—No puedo estar más de acuerdo contigo, porque dirigir, y sobre todo dirigir personas, no es un juego, es una especialidad altamente profesional que no permite hacerlo a medias. Las consecuencias de los errores son muy graves y las sufre toda la compañía. Para dirigir hay que estar de vuelta de Oz, no en su búsqueda, porque el éxito en la empresa no es un concurso de azar, sino que proviene del trabajo profesional y correcto de los que están a la altura de merecer el cargo de jefe, y del esfuerzo de calidad de sus colaboradores, debidamente guiados.

—¡Olé, ahí queda eso! Te invito al café.

7

Yastas y Eskes

—¿Tienes los datos que te pedí sobre las ventas del primer trimestre? —le preguntó David a Hugo, el responsable de producto, que era una de las personas que había entrado con él en la empresa hacía muchos años y con el que mantenía una buena amistad.

—No he podido, lo siento, estoy con el tema de las nuevas referencias y no he tenido tiempo. Y es que toda la gama es nueva...

—Hugo, sabes que te aprecio y me afecta que estés siempre tan abatido. Si consiguieras ser un «Yasta» serías más feliz y tendrías la agradable sensación que se vive con el logro.

—¿Ser un qué? Perdona, pero no he entendido lo que has dicho.

—No te apures. Te voy a contar una historia que cambió mi vida. Me la contó mi madre y me sirvió para empezar a actuar de otra manera. No te exagero si te digo que ha sido una de las claves de mi éxito. Y me refiero a que creo que disfruto de la vida, a que estoy contento con lo que soy, con lo que hago, con mi profesión, con mi familia y conmigo mismo.

—¿Otra historia de vikingos?

—No, mi madre es española, el noruego es mi padre —respondió David sonriendo.

—Bueno, siendo así, habrá que averiguar de qué se trata.

—Acompáñame, serán solo cinco minutos.

Pasaron por la máquina de bebidas calientes y se sentaron en la mesa circular que había en una sala contigua para atender visitas. Mientras dejaban enfriar los cafés, David le regaló a Hugo la siguiente historia:

Dos amigos, al alcanzar la mayoría de edad, decidieron irse a trabajar como peones a la gran factoría que habían construido en un pueblo cercano.

Desde el primer día, los dos dieron lo mejor de sí mismos, pero pronto se manifestaron grandes diferencias en sus estilos de trabajo y en sus trayectorias. Mientras Yasta se ganaba rápidamente el aprecio de sus jefes, Eske cada vez estaba más convencido de que no confiaban en él por razones que escapaban a su comprensión.

—No sé, Yasta, pero creo que me están cogiendo manía. Hago todo lo que puedo, trato de ser útil, pero no conecto con el jefe. Creo que debe ser un problema de química personal o algo así.

—Pues lo siento, porque a mí me va muy bien, estoy super a gusto y hoy mismo el director me ha comentado que quiere ascenderme a encargado.

—Si es que tienes una suerte impresionante. A mí no me pasan esas cosas. Tenemos la misma edad, los mismos estudios, la misma experiencia, las mismas ganas. ¡No lo entiendo!

—Chico, habla con tu jefe o con el director. A lo mejor te aclaran algo que a ti se te ha escapado.

Al día siguiente, Eske decidió hablar con el director del área en la que trabajaba y le manifestó sus inquietudes y desconciertos. Emilio, el jefe, meditó sobre cómo podría hacer que entendiera el porqué de su triste recorrido. Apreciaba al chico, así que se comprometió a ayudarle y le pidió que le diera unos días para pensar cómo.

La semana siguiente, Emilio llamó a los dos amigos a primera hora y les dijo:

—Necesito que se ordene todo el material de mantenimiento de las máquinas. Tú te encargarás de la nave 1 y tú, de la nave 2. Esta tarde quiero veros a los dos antes de que os vayáis para que me contéis cómo van las cosas. ¿Alguna pregunta?

Yasta solo preguntó:

—¿Algún criterio especial para ordenarlos?

—El que tú quieras, pero que sea práctico y sencillo —respondió Emilio.

Y dicho esto, Yasta salió raudo a comenzar su tarea. Cuando se quedaron solos, el jefe miró al otro amigo, que permanecía callado y pensativo, y le comentó:

—Bien, ¿tienes algo que decirme?

—Verá, *es que* va a ser difícil ordenar bien las herramientas, porque... *es que* siempre hay alguien que está usando alguna. Además, hay muchas que ya no valen y se siguen guardando.

—Haz lo que te parezca mejor y me cuentas luego.

—Ya, pero *es que* seguramente no podremos clasificarlo todo, y tampoco cabrá en el mismo armario.

—¿Estás seguro? ¿Te consta que así será o solo lo supones?

—Hombre, seguro no, pero será complicado.

—Bien. Lo dicho. Esta tarde me cuentas cómo va todo.

Pasó la jornada y, a última hora, Eske se personó ante Emilio. Estaba abatido y agobiado, y nada más verle le dijo:

—Me he puesto a ello, pero no he podido avanzar casi nada. Verá: *es que* he empezado a recorrer la nave para ver cuántas herramientas había en total fuera de su sitio y era un follón. Aun así me he ido a los armarios para ver cómo organizar el espacio y no ha habido manera, porque *es que* están llenos de trapos y material viejo y antes habría que tirarlo todo para ver que espacio queda.

—Bueno, pues hazlo mañana.

—*Es que* es mucho y no sé si cabrá en el contenedor de fuera.

—¿No lo sabes, o no cabe?

—Bueno, creo que no cabe.

—¿Has ido a ver cómo está el contenedor?

—Sí. Bueno, no. *Es que* el otro día hubo mucho movimiento y se tiraron allí los embalajes y estará hasta arriba.

—¿Seguro?

—No, seguro no. Pero no he tenido tiempo de ir a verlo... *Es que* me han llamado del almacén para unas cosas y al final se lio todo y no pude salir.

Emilio no dijo nada más, pues vio que Yasta se acercaba por el pasillo y prefirió esperar. Cuando este les alcanzó, le preguntó:

—Bien, ¿cómo va el tema de las herramientas?

—*Ya está*.

—¿Todo?

—Sí. He tardado un poco más porque he aprovechado para tirar todo el material viejo y vaciar los otros armarios para dejarlos preparados para más cosas.

—¿Y has podido tirarlo todo?

—Sí, aunque he necesitado otro contenedor porque el nuestro estaba casi lleno. De todas formas, lo he comentado con el supervisor de planta y me ha dicho que le hacía falta otro a ellos, así que he aprovechado y lo he pedido.

—¡Ah! Muy bien. ¿Y cuándo estará?

—*Ya está*. Pedí que lo trajeran esta tarde. Mañana por la mañana acabo de revisarlo todo y, si le parece, hago una lista del material defectuoso y del que creo que haría falta renovar.

—Me parece bien. Y ya de paso haces un recuento de todo para tener un inventario actualizado.

—Bueno, *ya está* hecho. Mientras lo ordenaba me hice una lista con todo.

—Vale, magnífico. Por cierto, acuérdate de que la semana que viene comienzas en tu nuevo puesto de encargado.

—Sí, ya he hablado con un compañero para que me ponga al día. De todas formas, tengo escritas muchas preguntas que hacerle para tener todo claro y aprender desde el principio.

—Bien. Cuando quieras las vemos.

Yasta se marchó. Y Eske aún no comprendía el porqué de un trato tan diferente.

—¿Has visto lo que ha hecho?

—Bueno, *es que* él ha podido hablar con el supervisor y...

—Ya. Pero no me refiero a eso, sino a su capacidad para sorprender siempre por hacer las cosas antes y mejor de lo que cabía esperar. Debes saber que para todo responsable de equipos, para los que estamos permanentemente preocupados por que todo funcione correctamente, oír la frase «Ya está hecho» supone música celestial, un aliento de eficacia y un descanso para el estrés. Y no solo para los demás: para uno mismo, para mantener viva la actitud positiva y la propia autoestima, poder decir con satisfacción que uno ya ha hecho, y bien, lo que se había propuesto hacer es un apoyo infalible. ¿Tú quieres que te ayude a mejorar?

—Desde luego. Yo deseo cumplir, pero por alguna extraña razón parece que nunca dejo satisfechos a mis jefes... ni a mí mismo.

—Para progresar en tu rendimiento, simplemente debes concentrarte en una sola cosa.

—Vale. Dígamelo sin tapujos, estoy dispuesto a hacer lo que sea.

—De acuerdo. No vuelvas a decir «es que...». Cada vez que lo haces te frenas a ti mismo y desesperas a los demás. Porque, al hacerlo, te orientas, sin querer, a las excusas y los problemas en vez de a la acción y las soluciones. Es malo para ti, negativo para tu imagen y exasperante para tus jefes.

—Bueno, lo intentaré, pero *es que* eso es muy complicado porque a veces las cosas no dependen de ti y...

> **Poder decir «Ya está hecho» supone
> para uno mismo y para los demás
> un aliento de eficacia, de calidad
> y un descanso para el estrés.**

—¡Basta de «es-ques»! A eso me refiero precisamente, a lo que acabas de hacer. No te has tomado ni un segundo para pensar y ya estás hablando con el «es que» por delante. Si logras cambiar eso en tu comportamiento, pronto ganarás autoestima, eficiencia y el aprecio profesional de los demás.

—Gracias. Creo que este consejo me será de mucha ayuda. ¡Prohibido el «es que»! Pero, ahora que caigo..., es que...

—¿Ya empezamos?

—No, si lo que iba a decir es que tendré que empezar por cambiarme el nombre. ¡Se acabó ser el señor Eske! A partir de hoy también quiero ser un miembro del grupo de los «Ya está», así que desde ahora me llamaré «¡Hecho!»

—Bravo, a por ello. Y ahora a casa, que mañana tienes que acabar el trabajo pendiente.

—¡Hecho!

Cada vez que uno dice «es que» orienta su energía a las excusas y los problemas en vez de a la acción y las soluciones.
Es malo para la autoestima, un freno para la eficacia, negativo para la imagen y ¡exasperante para los demás!

8

¿Vender decisiones?

El comité de dirección se reunió para hacer frente a una cuestión problemática que afectaría con toda seguridad a los resultados y, lo que era peor, suponía un grave problema para el desarrollo futuro del negocio. Se analizó y debatió el asunto en esa y en sucesivas reuniones, hasta que finalmente se planteó la estrategia a seguir para solucionar las cosas y progresar. Llegado ese punto, el equipo directivo se planteó tomar varias decisiones importantes, que tendrían repercusiones en gran parte de la compañía. Fue entonces cuando Antonio planteó la cuestión más candente:

—¿Y cómo le vendemos todo esto a nuestra gente?

Para asombro de Daniel, el resto de los directivos comenzaron a elucubrar la forma de venderle las decisiones al equipo, y aparecieron alternativas de todo tipo:

—Podemos lanzar un «globo sonda» y ver cómo respira la gente antes de plantear la totalidad del plan de acción —sugirió Marina, del departamento financiero.

—Habrá que diseñar un sistema de incentivos que ayude a suavizar la cosa y sirva de compensación para que la gente se implique —apuntó Esteban, el director de Recursos Humanos.

—Yo creo que es mejor darlo en «píldoras», poco a poco, según avancemos. De otro modo, si se conoce todo el plan, la gente se puede alarmar —añadió Pedro, de Producción.

—Pues yo pienso que esto debe presentase como una decisión de la dirección general ¡y punto! Darlo por hecho. El director general en persona tendría que firmar un comunicado, y los del comité argumentaremos que «viene de arriba» y que no hay otra opción —intervino Alberto, un veterano profesional que llevaba el área de Logística.

—Quizá bastaría con «maquillar» la cosa y dorarla un poco. Todos estamos acostumbrados y curtidos en transmitir «marrones», así que podemos ver la forma de contarlo vendiéndolo bien sin que se vea la parte fea —sugirió Mikel, de *Marketing*.

Daniel continuaba boquiabierto. Todos seguían buscando la forma de «vender la moto», como había dicho uno de ellos, y a él no le cabía en la cabeza tan rocambolesco enfoque del asunto. Al fin, David, el director general, tomó la palabra y comentó:

—Bien, el tema es realmente importante y la comunicación correcta del plan es el principio del éxito de su correcta ejecución. He escuchado la opinión de casi todos, pero me gustaría oír la de Daniel, que aún no ha expresado sus ideas. Bien, ¿cómo crees que debemos venderle este asunto al equipo?

Daniel se puso en pie y dio unos pasos alrededor de la mesa de reuniones; necesitaba reflexionar antes de dar una respuesta. Unos segundos después se colocó frente al grupo y dijo:

—Veréis, hay algo que no entiendo. ¿Por qué hay que «vender» la decisión que hemos tomado? ¿Es que no estamos convencidos de que es una estrategia correcta para que todos salgamos adelante? ¿No hemos participado cada uno de nosotros en el diseño del plan para que todos los cambios que vamos a acometer propicien un futuro mejor?

Llegado a este punto, se detuvo y esperó las respuestas de los demás.

—Sin duda, es lo que hay que hacer. Es más, creo que no seguir adelante con los cambios, por muy impopulares que sean a corto plazo, sería una irresponsabilidad por nuestra parte —respondió Alberto.

—Es un plan necesario, bien estructurado y que no solo evitará la amenaza que nos afecta, sino que dará más estabilidad y fuerza a esta compañía —añadió Mikel justo antes de que David dijera:

—Bueno, creo que todos tenemos muy claro que este es el plan adecuado.

Así fueron contestando uno tras otro y, al terminar la ronda, Daniel continuó en su tono tranquilo y llano:

—Entonces, si todos sabemos y creemos que estamos decidiendo lo correcto, ¿por qué hay que «venderlo»? Compañeros, no pretendo dar lecciones a nadie, pero siempre he pensado que en dirección las decisiones no se venden, simplemente se comunican bien. Si hay tanto que «vender» es que o no estamos tomando la decisión correcta o no nos la creemos ni nosotros, y en ambos casos el problema no está en el equipo, sino alrededor de esta mesa.

Se hizo el silencio en la sala. Nadie parecía atreverse a intervenir tras las palabras de Daniel. Se miraban los unos a los otros, aguardando a que alguien tomara la iniciativa.

—Bueno, ya, eso es fácil decirlo —saltó finalmente Marina—, pero hay que transmitir las órdenes con cuidado. A mi gente les he trasladado multitud de decisiones y luego he comprobado que no se habían enterado bien; y hablo de cosas que sí les dije formalmente en reuniones, no de comentarios de pasillo.

—Hace poco vino a verme gente de mi equipo para pedirme una serie de criterios a seguir para un tema y me quedé alucinado: ¡Todas esas cosas ya las habíamos hablado! Estoy de acuerdo con Marina, hay que andar con cuidado porque, por mucho que digas algo, luego la gente no se entera y confunde fácilmente las cosas.

> **Las decisiones no se venden,
> simplemente se comunican bien.**

Tras esta última aportación de Alberto, el director general tomó la palabra.

—En efecto, hay que ser cuidadoso a la hora de trasladar al equipo cualquier información, y con más razón cuando son cuestiones estratégicas delicadas. Por eso me preocupa especialmente lo que veo. Creo que tenemos un punto de mejora muy importante que debemos acometer. Y me gustaría empezar ahora mismo a superarlo, dejando claro una lección que aprendí hace tiempo y debería haber compartido con vosotros mucho antes: en dirección, comunicar no es decir las cosas.

—No te acabo de entender, David —afirmó, extrañado, Mikel.

—Me refiero a que «comunicar», para un directivo, para los que hemos asumido la tarea y el reto de dirigir a otros, es mucho más que decir las cosas; es asegurarse de que llega lo que querías que llegara y, más aún, que logras el efecto adecuado en los demás.

—Eso está claro, y lo compartimos todos, por supuesto —respondió raudo Pedro.

—No, no. Esto es algo verdaderamente clave y quiero que me comprendáis bien. Lo que ha dicho Daniel es muy valioso. Hace mucho tiempo yo también pensaba como algunos de vosotros. Me asombraba la dificultad que tenían los demás para captar mis instrucciones, mis ideas y mis mensajes, hasta que un gran jefe que tuve me ayudó a cambiar. Me hizo comprender que, para todo mando, sea directivo o encargado, la buena comunicación entra dentro de sus responsabilidades fundamentales. Y para un jefe no vale decir: «¡Si yo ya lo he dicho!» Lo siento, no es de recibo. Igual que uno oye a muchos directivos que comentan con desparpajo: «A mí no se me da bien comunicar, ni siquiera me gusta, mi fuerte es llevar el negocio». ¡Y lo dicen tan tranquilos, como si la cosa no fuera con ellos! ¿Imagináis a un conductor de autobús que dijera «a mí no se me da bien el volante, no es lo mío»? ¿Verdad que habría que apartarle de inmediato del puesto por incapacidad? Pues para nosotros es igual. Debemos asumir que el cargo de jefe lleva implícito la responsabilidad de comunicar con calidad. Y, si no se te da bien, ¡a mejorar con urgencia!

Todos entendieron por fin de qué hablaba David.

Como les ocurre a tantos otros mandos, habían obviado una herramienta básica de dirección: la calidad de la comunicación, que al fin y al cabo es la única que tienen para relacionarse con el equipo. David acabó retomando el tema inicial y se dirigió a Daniel de nuevo:

—Daniel, siempre has sido un comunicador ejemplar, y no por que tengas dotes extrañas para hablar en público, sino por tu... ¿cómo lo diría?... por tu calidad humana. Ahora comprendo por qué tu área parece siempre ir un paso por delante en situaciones difíciles. ¿Podrías acabar de explicar cómo enfocarías tú este asunto para que aprendamos todos tu secreto?

—Bueno —respondió Daniel apurado—, no es un secreto. Es mi forma de hacer las cosas, sin más. La clave empieza por creerme yo las decisiones que se toman, sean mías o provengan de otros. Busco el lado positivo de las decisiones, porque considero que el que las ha tomado lo ha hecho por algo, y casi siempre lo encuentro.

> **Comunicar no es decir las cosas.**
> **El cargo de jefe lleva implícita**
> **la responsabilidad de comunicar**
> **con calidad.**

Y añadió:

—Después, todo resulta más sencillo, porque ya no hay nada que vender, tan solo trasladar a mi gente la decisión, explicando claramente los «porqués». Las mismas explicaciones que a mí me han convencido. Siempre he pensado que cuando las personas entendemos por qué se hace algo nos implicamos más, al menos eso me pasa a mí.

—Bien, parece perfecto, pero ¿y si no compartes la decisión? Porque hay veces que toca trasladar cosas que no te gustan —matizó Esteban.

—En esos casos voy a la fuente de la decisión y le pregunto el porqué.

—Es cierto —comentó Pedro, que había sido jefe de Daniel anteriormente—. Cuando no te convencía algo siempre venías a preguntarme los porqués sin entrar en críticas o falsa resignación, como hacían otros muchos. Y más de una vez me obligaste con ello a argumentar y profundizar mejor en mis decisiones —y añadió dirigiéndose al grupo—: ¡Incluso recuerdo que una vez tuve que rectificar porque, al tratar de explicarle mi decisión, me di cuenta de que estaba metiendo la pata!

—En cualquier caso —continuó Daniel—, a veces no es cuestión de si te gusta una decisión o no. Hace tiempo que aprendí a asumir las decisiones que no me gustan, porque cada uno tenemos nuestros puntos de vista y nuestras preferencias, y es imposible que me gusten todas las ideas de los demás. En esos casos me concentro en si creo que la decisión aporta valor y es coherente o no, ya que el que decide tiene derecho a elegir su opción. Si comprendo que es una alternativa válida, aunque piense que hay otras mejores según mi visión, la apoyo y la traslado desde su valía, sin complicar más las cosas.

Varios compañeros comenzaron a aplaudir a Daniel, y todos se sumaron. A pesar de las limitaciones individuales era un grupo abierto al aprendizaje y Marina finalizó diciendo:

—Bien. Creo que hoy hemos dado un gran paso en este equipo directivo. Estas cosas son las que todos necesitamos aprender rápido. Gracias, Daniel, y gracias, David. Propongo que revisemos todo lo bueno que traerá este ambicioso e ilusionante plan que hemos diseñado, y tal cual se lo comuniquemos a todos con todo el entusiasmo que a nosotros mismos nos produce. ¿Te parece bien, David?

—Así se habla, Marina, ¡vamos allá!

> **Cuando las personas entendemos
> por qué hay que hacer algo,
> nos implicamos más y trabajamos mejor.**

SEGUNDA PARTE

Los dos compromisos necesarios para cambiar las cosas

Tras las reflexiones anteriores, toca «mojarse», que cada uno «se ponga a su remo». Los directivos, a dirigir bien; y los trabajadores suficientemente bien dirigidos, a rendir con calidad. Estos dos compromisos, unidos, podrán cambiar las cosas hasta límites inimaginables, y generarán una energía invencible capaz de crear un nuevo mundo profesional, que permitirá aspirar con garantías al Gran Reto.

9

Primer compromiso

Para los que dirigen: Comprometerse con el derecho a ser bien dirigido

En este siglo XXI, las personas deberíamos tener suficientes conocimientos y datos para permitirnos —a los accionistas, a los trabajadores y a la sociedad en general— saber en manos de quiénes depositamos nuestro capital o nuestro trabajo. Se trata de reflexionar sobre el derecho que, como accionistas, directivos o trabajadores, tenemos a que nuestra empresa esté bien dirigida.

La cuestión es: ¿cómo detectar que una empresa está bien dirigida?, ¿cómo separar el grano de la paja?, incluso ¿cómo medir la calidad de la dirección de una empresa? En las memorias y los balances económicos podemos obtener bastante información, pero fundamentalmente se trata de información financiera. La cuestión es que pocas veces esto deja entrever a tiempo una mala calidad de dirección. Esa información es necesaria pero no suficiente, pues carece de otro dato igualmente esencial: un análisis serio sobre la calidad de su alta dirección.

> **Los accionistas, mandos y trabajadores tenemos el derecho de que nuestra empresa esté bien dirigida.**

En las auditorias y en las memorias tendría que aparecer ese análisis, simplemente porque las empresas no funcionan solas. Las empresas son el resultado de las decisiones y la forma de gestionar de su cúpula directiva. Por tanto, introducir esa nueva información, hoy, debería ser vital.

Los accionistas de cualquier empresa, por el mero hecho de serlo, por apostar su dinero, tienen derecho a una buena dirección de sus empresas. Este derecho es asimismo trasladable a los propios empleados, personas que dedican su esfuerzo y su talento para mantener un trabajo estable y unos resultados satisfactorios. A fin de cuentas, cuando una empresa no está bien dirigida, los primeros en pagar las consecuencias son los trabajadores y los accionistas. Hemos visto recientemente ejemplos claros en grandes compañías de renombre internacional.

Hoy en día no hay empresa puntera que no establezca con claridad su misión, su visión y sus valores. Pero, ante misiones trascendentales, lo fundamental es hacer que la empresa siga interesando a sus accionistas por sus resultados y, por ende, que interese mantenerla operativa a largo plazo. Para ello es imprescindible hacer que trabajar en esa empresa interese a excelentes profesionales, que son los que lograrán sacarla adelante. Y una buena ejecución exige calidad de dirección. Pero ¿qué significa calidad de dirección?

Calidad de dirección implica la gestión óptima de los recursos y elementos que conforman cada empresa. Hablamos de recursos económicos y materiales, de información y, por supuesto, de las personas. Si no se gestionan bien la información, los riesgos, las apuestas estratégicas, las decisiones, los recursos materiales y las personas, el fracaso con todas sus consecuencias solo será cuestión de tiempo. Dato curioso: Aproximadamente el 99 % de las empresas que se hunden y fracasan es por razón de una mala gestión global, de la falta de visión de futuro y de unas pésimas decisiones. El 1 % restante, además de lo anterior, tuvo mala suerte.

Ya es difícil alcanzar el éxito con los reveses del mercado o las estrategias de la competencia como para añadir al caldero de desastres y dificultades un factor que sí puede controlarse: la buena o mala gestión de la dirección.

Llevamos décadas hablando de la importancia de las personas en el engranaje de las empresas. Y quizá ya sea tiempo de que tal discurso se eleve a derecho: el derecho que tenemos todos a que los directivos gestionen bien. La realidad es que una gran empresa es una enorme «maquinaria» en la cual las personas son un engranaje más. Ahora bien, no es cuestión de valores personales. Se puede dirigir *contando con* las personas o *usando a* las personas. Son dos estilos de dirección en los que apenas cambian dos gerundios, pero modifican todo el sentido.

En la actualidad, hay multitud de empresas en las que la calidad de la dirección de las personas aún no es un asunto de competencia directa de la dirección general, o en las que el Departamento de Informática tiene muchos más medios, presupuesto e importancia estratégica que el de Recursos Humanos. Sin embargo, el ordenador más perfecto, potente e increíble que existe es el cerebro humano. ¡Qué derroche!

De malas decisiones, o de la incapacidad de tomar decisiones a lo largo de un proceso, están llenos los cementerios empresariales. Son decisiones que deben tomar los altos directivos. Pues bien, si no queremos extinguirnos, exijamos calidad de dirección. Y si las decisiones equivocadas son práctica habitual en una empresa, qué menos que saberlo, y a tiempo. Se ha convertido en algo usual que gestores de dudosa (e incluso nefasta) eficacia salten de cargo en cargo, de empresa en empresa, dejando tras de sí el veneno de la asfixia empresarial, bellamente envuelto en unas aparentes cifras espectaculares a corto plazo.

Entonces, ¿cómo medir la calidad de dirección? Deberíamos disponer de un baremo cuantificable capaz de abarcar resultados o perspectivas de futuro a la hora de juzgar la fiabilidad de una empresa.

> **Ya es difícil alcanzar el éxito**
> **con los reveses del mercado**
> **o las estrategias de la competencia.**
> **No es necesario añadir un factor**
> **de riesgo que sí puede controlarse:**
> **una mala gestión de la dirección.**

En la memoria auditada deberíamos incluir **índices de rotación de directivos y empleados cualificados.**

Este es uno de los mejores baremos para valorar la calidad de la dirección. Cuando el talento huye de la empresa es que algo no funciona. Lo hemos visto mil veces, y seguramente lo hemos vivido en persona: cuando la dirección se empecina en caminos equivocados se queda sola o, peor aún, amparada por los borregos.

Otros índices interesantes son la **edad media y el grado de rejuvenecimiento, junto con las políticas de prejubilación.**

Cuando una empresa prejubila sistemáticamente a determinada edad tiene muchas posibilidades de despilfarrar inmensas cantidades de talento y experiencia. La razón es que resulta mucho más barato sustituir este personal por aprendices, algo que es bueno para las cuentas inmediatas, pero que es cianuro para el futuro.

También sería grandioso añadir en los datos anuales un **histórico sobre el resultado de decisiones estratégicas** que se tomaron en los años anteriores, para medir el nivel de aciertos y fracasos.

Claro que esto siempre se podría maquillar de una forma u otra, por lo que se podría añadir otra información difícilmente manipulable y que aportaría conclusiones reveladoras: **encuestas sobre el prestigio interno de la alta dirección y el clima laboral.** Cuando las empresas tienen buenos proyectos y están bien dirigidas se nota hasta en los pasillos.

> **Se puede dirigir contando con las personas o usando a las personas. No es posible que la mayoría de los trabajadores sean unos inútiles, y sí que unos pocos logren quitarles las ganas y la ilusión, hasta lograr que lo parezcan.**

Un **personal quemado, pesimista y negativo** es otro síntoma, este inequívoco, de una mediocre dirección. No es posible que el 90 % de los miembros de la plantilla sean unos inútiles, y sí que unos pocos logren quitarles las ganas y la ilusión, hasta lograr que lo parezcan.

En síntesis, hoy debe ser obligado un análisis lo suficientemente fiable para decidir si se apuesta por un equipo directivo o no. El derecho a ser bien dirigido es exigir calidad de dirección, calidad de dirección de personas, calidad de dirección de recursos y calidad de dirección de decisiones. Las buenas direcciones suelen reportar ventajas enormes para los empleados, los accionistas y la sociedad. Las malas ponen a demasiadas personas en problemas, como mínimo, financieros.

A comienzos de 2002, los empleados de una gigantesca compañía americana comenzaron a interponer demandas contra sus directivos, a los que acusaban de haberse enriquecido a costa de los accionistas y los trabajadores. Quizá supuso el primer paso para un nuevo orden. Es solo un ejemplo de lo que supondrá dirigir bien o mal.

Reclamo desde aquí, por todo ello, nuestro derecho a que nuestras empresas estén bien dirigidas, incluido el derecho de controlarlas con datos e índices accesibles, sencillos y fiables. Y, por ende, aliento desde aquí a hacer realidad el primer compromiso esencial que hará posible cambiar las cosas: el compromiso que tenemos que asumir todos los jefes, ya seamos mandos intermedios o altos directivos, de dirigir con calidad a los colaboradores, tanto a los directos como a todos los demás, dentro y fuera de nuestro entorno.

10

Segundo compromiso

Para los que son bien dirigidos: Comprometerse con el derecho a un rendimiento de calidad

El gran reto de vivir y trabajar mejor no será factible si al compromiso anterior no lo acompaña este otro compromiso.

La pelota pasa al tejado de los trabajadores, y por ello incluyo a los sindicatos como representantes de esta parte fundamental de la empresa; pero no en el sentido actual. Necesitamos un nuevo enfoque del compromiso de los trabajadores y del sindicato, orientado a mejorar la calidad de la vida laboral. Caiga quien caiga.

Los empleados y sindicatos deberían ser los primeros en amonestar de forma natural al trabajador que ofrece un bajo rendimiento, en excluir a los que no cumplen, a los que hacen daño, a los que engañan a sus compañeros y a la empresa, fichando por empleados que no están o excediendo sus tiempos de receso (desayunos, comidas, descansos...), provocando merma de rendimiento en el grupo.

Si los trabajadores de base incluyeran en sus códigos y normas internas el cuidado y el compromiso de la calidad de trabajo, y se implicaran más en la consecución de los resultados de la compañía, cobrarían una dimensión nunca vista hasta ahora. Lograrían un apoyo tan masivo desde todas las partes, incluida la dirección de la empresa, que podrían cambiar el mundo, alcanzar logros sindicales hoy inimaginables, ayudar verdaderamente a crear un entorno empresarial mucho mejor y, en consecuencia, un lugar mejor para la vida de todos, de los que trabajan y de los que conviven con los que trabajan.

Solo desde esta nueva óptica se podrán acometer proyectos de mejora pendientes como, por ejemplo, horarios laborales coherentes para padres y madres; una flexibilidad auténtica que permita sacar adelante el trabajo y atender las necesidades personales que todos llegamos a tener a lo largo de nuestra vida; una exigencia de mejor calidad de dirección en los jefes, fuerza moral y humana para negociar los convenios; nuevos tipos de contratos, que prioricen el correcto rendimiento más que la mera presencia física en el puesto de trabajo.

Los compañeros o los sindicatos están para defender a los trabajadores, entendiendo como tales no a los que pertenecen a una nómina sin más, sino a los que trabajan bien; es decir, a los verdaderos trabajadores que, siempre que sean correctamente dirigidos, se comprometan con la empresa. Su función es preservar la calidad laboral, en todo su contexto, y no como protección a los mediocres. Y por ello deben ser los primeros en actuar seriamente contra los desleales que incumplen con su compromiso de calidad de trabajo, traicionan a sus compañeros con su falta, provocan la desorganización, el clima negativo y, peor aún, la merma de fuerza moral para luchar por nuevas mejoras y derechos. Los caraduras, los vagos, los mediocres y los sinvergüenzas no deben tener cobijo ni trinchera entre los empleados que cumplen, ni por tanto en los sindicatos.

Los trabajadores que ofrezcan compromiso de rendimiento a cambio de rigor en sus exigencias tendrán mejor cabida en un nuevo orden, en el que veremos juntos en los sindicatos a empleados de base, a mandos y a directivos, porque defenderán temas de interés común y porque el único enemigo a batir será la necedad y la injusticia.

> **El enemigo a batir para los que deciden y para los que ejecutan es la necedad y la injusticia; ya sea del que trabaja como del que remunera el trabajo.**

En un nuevo mundo laboral, cuando alguien no rinda correctamente, se deberá hacer una distinción entre los que **no saben**, los que **no pueden** y los que **no quieren**. A los primeros se les debe dar la formación necesaria; a los segundos, se les brindará el apoyo que necesiten, y los terceros, los que no quieren estar a la altura, se deberán quedar fuera, sean quienes sean y estén en el lugar del organigrama en el que estén.

Equilibrio, armonía y sentido común, asociado al compromiso de buen hacer, de calidad de trabajo y de entrega. Interiorizar que se juzgará tan impresentable la falta de calidad directiva del de arriba como el «escaqueo» del de abajo, y señalar con el dedo sin rubor alguno tanto al jefe que dirija mal como al empleado que no aporte valor.

Se trata de que todos colaboremos en y por este nuevo sistema; que colaboremos codo con codo en trabajar con calidad y en salvaguardar este esperanzador nuevo entorno. Y los malos colaboradores —sean jefes o empleados— deberán dejar su sitio a otros y apartarse del camino, sin contemplaciones, con la censura de todos: clientes, accionistas, sindicatos, directivos y empleados. Quizás así reflexionen sobre lo difícil que supone mantener el equilibrio entre puestos de trabajo dignos y seguros, y los beneficios que los propician.

> **Equilibrio, armonía y sentido común son posibles. Se trata de que todos asumamos el compromiso de calidad del trabajo, y que los malos profesionales —sean jefes o colaboradores— dejen su sitio a los que aportan valor.**

Reclamo, por tanto, el derecho de los empresarios y directivos comprometidos con sus equipos y que ejercen un buen estilo de dirección, y de todos los trabajadores, a obtener un rendimiento de calidad, y una implicación y colaboración de todos los integrantes de la empresa, para lograr ese rendimiento de alto nivel que todos necesitamos para sobrevivir y progresar.

11

El Gran Reto:

Hacer compatible trabajar

y vivir con calidad

¿Quién ha originado este gran engaño? ¿Cómo hemos llegado hasta este absurdo? Trabajar, trabajar y trabajar, vivimos para trabajar. De lunes a viernes nuestra existencia pasa discretamente de puntillas, con jornadas absorbentes, para acabar el fin de semana tratando de recuperar algo de aliento.

¡Se acabó! Ha llegado la hora de rebelarse y poner las cosas en su sitio. La mayor estafa que podemos hacerle a la naturaleza es desperdiciar buena parte de nuestra vida. Con lo corta que es, no ser capaces de disfrutarla por no saber trabajar mejor es una estupidez de tal envergadura que nos hace a los humanos indignos de llamarnos seres inteligentes.

> **Con lo corta que es la vida,**
> **no ser capaces de disfrutarla**
> **por no saber trabajar mejor**
> **es una estupidez suprema.**

Cuando se acumula el trabajo y hay problemas económicos, la solución nunca es trabajar más horas o inyectar más dinero; eso solo aplaza el problema. La solución está en la creatividad, en hacer las cosas de otra manera. Cuando hay problemas o mucho trabajo, lo que hay que hacer es **trabajar mejor, no trabajar más.**

En un estudio que realizamos en la consultora Otto Walter en 2002, sobre «qué esperan los jefes de sus empleados», resultó que el 96,7 % de los mandos y directivos no consideran un valor fundamental que los trabajadores estén dispuestos a trabajar más horas. De hecho, el 77,53 % lo marca como el factor menos importante entre las cosas exigibles a los empleados. Si los jefes ya no valoramos la presencia, es más, si somos los primeros que estamos hartos de esta esclavitud, si ya están en la calle los gritos que piden conciliación de trabajo y familia o vida personal y profesional, si estamos todos de acuerdo, ¿qué esperamos para poner orden de una vez?

Tan solo hay una prioridad que condiciona todo esto. Más del 97 % de los jefes consideran muy importante o fundamental en sus empleados el «cumplimiento de compromisos», «poner interés en el trabajo», «ser honesto y colaborador», «ser eficaz», «trabajar en equipo», «discrepar y dar alternativas» y «que pregunten sin temor».

> **Cuando hay problemas económicos o se acumula el trabajo, lo que hay que hacer es trabajar mejor, no trabajar más.**

Si esto es asumido por todos, de arriba abajo, el cambio será posible.

Y no vale decir que «la empresa exige tanto que no es posible». ¿Quién es «la empresa»? ¿Es que «la empresa» habla o piensa por sí misma? Los accionistas no son los que exigen explotación de la vida de las personas, solo exigen rendimientos de su capital y eso no tiene por qué estar ligado a lo anterior si se gestiona correctamente. Al contrario, si se trabaja bien, en un clima laboral alegre, con horarios y ritmo adecuados, con directivos que impongan unas normas de trabajo coherentes para que también ellos disfruten de una calidad de vida razonable y se cree un clima exigente y positivo a la vez, la productividad aumentará y los resultados se multiplicarán.

Todo empleado que cumpla con su trabajo debe disfrutar en su empresa de un trato adecuado, vivir su vida personal y profesional con calidad y disfrutar de la familia como se merece. Incluso debería estar mal visto quedarse fuera de horas de forma habitual.

Que esto ocurra pone en evidencia que o hay demasiado trabajo, por lo que habrá que priorizar o dotar de ayudas, o no se está haciendo bien dicho trabajo. En ambos casos hay que actuar, pero no trabajando más horas.

Si alguien prefiere estar en la oficina más allá de la hora de salida «oficial», ya sea porque le entusiasma su trabajo, porque sus ambiciones personales se lo imponen o porque no quiere irse a su casa, allá él o ella, pero sin arrastrar con su manía a los demás y sin esperar un reconocimiento extra. No es tanto cuestión de controlar las entradas y salidas como de controlar el rendimiento.

Y las jornadas de diez y once horas de los directivos, que son muchas, se deben equilibrar con días en los que puedan —y deban— descansar. Claro que todo esto solo es posible con un fuerte compromiso, asumido por todos, para salvaguardar los valores esenciales acordados en la empresa y para realizar el trabajo con calidad e intensidad. Tanto es así que cualquier persona que ponga en peligro este equilibrio por no sumarse a estos valores de mutua exigencia deberá quedar fuera del equipo sin dilación.

Una buena idea sería la creación en las grandes empresas de la figura del responsable de Calidad Laboral: una persona o un departamento con autoridad suficiente y cuyas funciones consistirían en velar por un correcto ejercicio de la calidad de trabajo en todos los sentidos. Por ejemplo, el jefe que convoca con demasiada frecuencia reuniones fuera del horario laboral, actitud que debería merecer una amonestación; incluso, en caso de reiteración, debería tratarse el asunto como una falta muy grave, tan grave como el absentismo o la deslealtad. Una cosa es una situación excepcional, que requiere acciones excepcionales, y otra hacer de este tipo de prácticas una pauta habitual. Si hay trabajadores que ofrecen bajo rendimiento o se exceden en las pausas para café, cigarrillos o comida, deberían ser igualmente advertidos de forma tajante, pues pondrían en peligro una estabilidad general. Si un departamento suele seguir trabajando una vez finalizado su horario sin nada que lo justifique, debería ser profundamente reestructurado, ya que sería un síntoma claro de que están trabajando mal, ya sea por exceso de trabajo o por mala calidad de este.

Los directivos debemos imponernos una hora límite. Asumimos jornadas interminables, a las que habría que añadir el tiempo de los viajes. Debemos prohibirnos a nosotros mismos permanecer en el despacho más allá de una hora coherente. Y necesitamos ayudarnos entre nosotros para ser rigurosos, porque caemos una y otra vez en la trampa de lo inmediato. Si todos nos imponemos abandonar el puesto de trabajo a una hora concreta, pronto cambiaremos nuestros hábitos laborales y nuestras formas de priorizar y distribuir las tareas. Solo así aprenderemos a trabajar mejor.

> **Caemos una y otra vez
> en la trampa de lo inmediato.
> Queremos y debemos trabajar bien,
> para rendir bien y vivir bien.**

Además, tenemos otro gran engaño universal. Con la llegada de las nuevas tecnologías se vaticinó que se lograría hacer mucho más, que la productividad se dispararía, que todo iría mejor y trabajaríamos menos. ¿Qué ha ocurrido en realidad? Es verdad que la tecnología nos permite hacer muchas más cosas y que aumente la productividad, pero eso se ha utilizado para disminuir puestos de trabajo. Por tanto, no hacemos más, sino ¡lo mismo con menos personas! Antes uno recibía un fax o una carta y disponía de unas horas o unos días para estudiar el asunto y responder. Ahora se recibe un *e-mail* al instante, y se exige respuesta al instante. Antes, cuando uno viajaba o visitaba a un cliente, encontraba unas horas para pensar, reflexionar, crear u organizarse. Ahora esos minutos se llenan con llamadas desde el teléfono móvil. No hay respiro. Ya no somos dueños de nuestro tiempo; cualquiera nos lo roba impunemente.

¡Se acabó! ¡Estamos hartos de consumir nuestra vida trabajando mal! ¡Queremos trabajar bien, para rendir bien y vivir bien! Llegó el momento de cambiar este mundo laboral que se ha convertido en un auténtico despropósito. ¡Se acabó premiar la presencia en vez de la eficacia! Varios de los países más desarrollados son los más inflexibles en estas cosas. Todos se comprometen con su trabajo, se comprometen en trabajar con calidad e intensidad, y a cambio pueden irse a la hora sin ningún problema. ¡Y funciona!

> **¡Se acabó premiar la presencia
> en vez de la eficacia!**

Forman parte de las economías más potentes del mundo. ¿A qué esperamos para subirnos todos al carro de la primera división? Son empresas en las que, si uno llama a las cinco y diez de la tarde, no encontrará a nadie, ni siquiera a los directivos. Eso sí, durante la jornada todos ofrecen pleno rendimiento y con ello todos disfrutan: los accionistas, con los resultados del trabajo bien hecho; los directivos, con el alto rendimiento y la fiabilidad de sus equipos; los trabajadores «de convenio», con una vida más equilibrada, y la empresa, con su pervivencia y su desarrollo.

Se habla mucho de este tema, pero por ahora no parece que acaben de llegar decisiones contundentes. Tal vez, con los datos del estudio realizado, con la certeza del respaldo del 97 % de los directivos, haya llegado ya el momento de pasar a la acción y darnos una nueva oportunidad laboral, y luchar así por erradicar de una vez este despropósito tan arraigado que está acabando con nuestra calidad de vida.

Sé que solo soy un humilde remero, pero quiero poder decirme a mí mismo: «Hice lo que estaba a mi alcance». Por tanto, en mi nombre y en el de todos los que nos han manifestado su deseo de mejorar el sistema actual, propongo, y asumo, los siguientes «mandamientos o valores»:

Compromisos para el cambio

I
Como accionista,

ME COMPROMETO A LUCHAR
POR QUE SE ASEGURE UNA BUENA CALIDAD
DE DIRECCIÓN Y SE RESPETE A LOS EMPLEADOS
QUE RINDAN, EN LAS EMPRESAS EN LAS QUE
PARTICIPO, AUN A COSTA DE PARTE DE
MIS BENEFICIOS A CORTO PLAZO.

II
Como empresario,

ME COMPROMETO A QUE TODOS
LOS EMPLEADOS QUE CUMPLEN CON CALIDAD
LOS COMPROMISOS DEL TRABAJO
EN EL HORARIO LABORAL SE PUEDAN
IR A LA HORA, CADA UNO A LA SUYA EN
FUNCIÓN DE SU NIVEL PROFESIONAL.

III
Como directivo,

ME COMPROMETO A FOMENTAR LA CULTURA
DE PRIMAR LA EFICACIA Y NO LA PRESENCIA,
Y FORMAR A MI EQUIPO PARA QUE APRENDA
A CUMPLIR CON SU TRABAJO CON CALIDAD
Y SE MARCHE A SU HORA.

IV
Y como trabajador,

ME COMPROMETO A DAR LO MEJOR DE MÍ
EN CADA JORNADA, PARTICIPANDO DE UN
CLIMA POSITIVO, PROACTIVO Y PRODUCTIVO
QUE APORTE BENEFICIOS, PARA CONSEGUIR ASÍ
PUESTOS DE TRABAJO DIGNOS Y QUE TODOS
LOS QUE CUMPLIMOS CON NUESTRA TAREA
TRABAJEMOS Y VIVAMOS CON CALIDAD.

En esto nos jugamos la vida, la nuestra y la de los nuestros. ¿Para qué tenemos hijos si no los vemos crecer? ¿Para qué siete días a la semana si no sabemos vivirlos? Ilusionado por las nuevas tendencias y corrientes de opinión que apoyan un nuevo orden, por mi parte he decidido empezar a caminar practicando estos valores en mi entorno. Al fin y al cabo, se trata de que entre todos hagamos posible el Gran Reto: trabajar y vivir con calidad.

¿Nos animamos a ello?, pues vamos allá: ¡Cada uno a su remo!

El Gran Reto:
HACER POSIBLE, ENTRE TODOS,
TRABAJAR Y VIVIR CON CALIDAD.

Epílogo

Esta última historia nació una noche en la que mi hija, de nueve años, me pidió que le contara un cuento inventado en el que el protagonista fuera un bolígrafo, así que comencé a improvisar una historia que fue tomando forma y alcanzó un final que ofrecía una reflexión aplicable al mundo empresarial. Cuando acabé el cuento, me dirigí raudo al ordenador para dar forma escrita al pequeño relato y profundizar en las ideas que albergaba. Este es el resultado, que ofrezco como un pequeño regalo de mi hija Nina.

LA PLUMA QUE NO SABÍA ESCRIBIR

Había una vez una pluma que no sabía escribir y que vivía con otros compañeros en un gran estuche. Varias veces la habían escogido, pero siempre la devolvían con un decepcionante: «¡Esto no escribe!» Estaba asustada, no solo porque los demás murmuraban sobre ella y porque era diferente en su forma de pensar, sino porque tenía claro que cualquier día acabaría tirada en alguna papelera. Intuía que la próxima vez no tendría la suerte de que volvieran a dejarla en el estuche; con la siguiente ocasión vendría su fin.

Todos los demás la llamaban «la rara» porque no sabía escribir y quizá también por su diseño un tanto peculiar, porque no se jactaba de nada y, desde luego, porque solía tener otra forma de ver las cosas. El rotulador rojo siempre hablaba de lo maravilloso que era su brillante trazo, que se veía fácilmente desde lejos. Los subrayadores amarillo y verde fosforito alardeaban de su condición: «solo nos usan para destacar lo más importante, fijaos». ¡Eran unos odiosos presumidos! El sencillo Bic azul se enorgullecía de ser imprescindible, y a su primo el serio Mont Blanc le gustaba mantener una cierta distancia con los demás, como si fuera de la aristocracia, y todo porque, como solía decir: «A mí solo me usan para firmar los cheques». La verdad es que era elegante pero demasiado estirado para ganarse la simpatía del resto.

El lápiz era un buen tipo, siempre dispuesto a todo, pero, eso sí, su afición favorita era discutir con la goma: «Pues no sé para qué te metes tú en lo que yo escribo, qué tendrás tú que quitar de lo que yo hago», y la otra, que era tal para cual, entraba al trapo y le respondía: «Pues yo solo borro lo que tú haces mal, ¡aprende a escribir sin fallos, listillo!» Estaban siempre así, pero todos sabían que, en el fondo, se apreciaban mucho.

Un buen día, abrieron el estuche y el dueño eligió a «la rara». «¡Cielos, llegó el momento!», pensó resignada la pluma. Efectivamente, cuando el dueño se puso a escribir al instante exclamó:

—¡Vaya, ya he vuelto a coger la pluma esta de las narices! Me tiene frito.

Alguien que estaba a su lado le dijo:

—Anda, trae. —E intentó escribir con ella. No duró más de cinco segundos—: Valiente pluma, ¡si no funciona! La voy a tirar.

La pluma quedó abatida. Lo sabía, había llegado su hora. No obstante, antes de que la arrojaran a la temible papelera, la hija del dueño exclamó:

—¡Papi, dámela a mí. Me gusta!

El padre se la dio sonriendo. ¿Para qué la querrá si no funcionaba? Pensó que era cosa de críos y que quizá se había encaprichado con su original forma. Al cabo de un rato la niña gritó:

—¡Eh, qué chulada, mirad! —La joven tenía en sus manos un trozo de cartulina azul marino, y se lo enseñó a su padre—: ¡Mira, papi; mira qué chulo!

—Hey, ¡qué pasada! Mira, David, ¡qué bonito queda! —El padre le pasó el cartón a su amigo y este se quedó impresionado.

—¡Caray, si es una pluma blanca! Qué bien queda la tinta blanca sobre un papel oscuro. Nunca había visto una pluma así.

—Oye —dijo Tom—, podríamos utilizarla para poner las dedicatorias en las tarjetas de Navidad.

Este año hemos comprado postales oscuras y quedaría fenomenal escribir y firmar con esta pluma.

—¡Gran idea, así lo haremos! —contestó su amigo.

«Vaya —pensó la pluma—, ¡soy una pluma blanca! Claro, por eso parecía que no escribía. Resulta que soy superespecial, y encima voy a escribir las felicitaciones navideñas. ¡No me lo puedo creer!».

El dueño la devolvió con cuidado al estuche, pero esta vez se ocupó de colocarla en un lugar muy especial. Quitó la regla de su sitio habitual para que la fantástica pluma blanca tuviera un puesto privilegiado. Claro que la vieja regla, tan estricta y cuadriculada como siempre, no paraba de decir: «Eh, que ese es mi sitio, no puede ser, ese es el sitio de las reglas, y siempre ha sido así». La rara estaba feliz; les contó el descubrimiento a todos y sus compañeros se alegraron mucho. Todos menos los rotuladores fosforitos, claro, que cuando la pluma contó lo de las felicitaciones ¡se pusieron amarillos de envidia!

> **Algunas personas excepcionales acabaron denostadas porque nadie quiso descubrir si su rareza escondía una habilidad especial y valiosa.**

Como la pluma blanca, a veces en la empresa uno se encuentra con gente «rara», que simplemente tiene unas habilidades y enfoques muy especiales, que se salen de lo habitual. Es por eso por lo que muchas veces acaban denostados y despreciados, solo porque nadie quiso descubrir si esa rareza escondía una forma diferente de hacer las cosas, que podría ser excepcionalmente útil para ciertas tareas para las que los «normales» no sirven.

Estos raros se suelen identificar porque son personas muy involucradas con la empresa, cuestionadoras de lo que se hace mal y llenas de ilusión para hacer las cosas bien. Siempre dispuestas a mejorar y aportar lo mejor, a comprometerse, puede que no destaquen en su función actual e incluso sean molestas para sus jefes.

¡No nos dejemos engañar! No es lo mismo un conflictivo que una pluma blanca: a los primeros no les gusta trabajar, a los otros les encantan los retos. Es solo cuestión de encontrarles el sitio adecuado, eso especial que precisamente requiere gente especial. Quizás alguno de nosotros hayamos sido una pluma blanca que muchos jefes no supieron valorar, y mira por dónde hoy somos profesionales de éxito.

> **No es lo mismo un conflictivo que un profesional valiente y especial: a los unos no les gusta trabajar, a los otros les encantan los retos.**

En efecto, puede que alguno de nosotros fuera un «raro» entre los empleados sin más, porque simplemente tuvo madera de líder, porque era capaz de implicarse sin temor en tareas complicadas, dar otras soluciones que nadie escuchaba o porque no tragaba fácilmente con ruedas de molino, y algún mediocre tomó eso como insolencia, o inadaptación. Los directivos, deben descubrir a sus plumas blancas para encontrar un grupo de elite que refuerce al equipo y le dé proyección de futuro. No hay que descartar a los «raros» solo por serlo, sino analizar esa rareza y quizás, alguna vez, entre las ovejas más inquietas, se descubra un campeón en potencia perdido y desubicado entre el dócil y llevadero rebaño. Para diferenciarlo del resto, hay que darle un reto de envergadura, aceptar alguna de sus sugerencias y ponerle al frente del proyecto. Si resulta que es capaz de hacerlo realidad, que demuestra su valía con un trabajo excelente, tendremos ante nosotros un valioso y auténtico líder, habremos encontrado al que puede llegar a ser nuestro mejor colaborador. Ya «solo» nos falta ser capaces de dirigirle con la calidad que se merece.

> **A veces uno encuentra entre los inquietos al que puede llegar a ser un gran colaborador. Y ya «solo» falta ser capaz de dirigirle con la calidad que se merece.**

El Liderazgo R-E-M-A-R:
Liderazgo con Resultados, Excelente,
Motivante y Alto Rendimiento

Hay muchos modelos de liderazgo, cada empresa y momento define los valores esenciales, las competencias y las habilidades esenciales que se requieren de los mandos que deben liderar a los equipos de la empresa. Pero en todos ellos hay un factor común de éxito y buen hacer, sea cual sea la prioridad, el estilo, la Visión o la Misión.

Se trata de que cada líder ejerza el liderazgo R-E-M-A-R, esto es, logrando al tiempo Resultados, Excelencia, Motivación y Alto Rendimiento. Los cuatro juntos, inseparables y equilibrados; esa es la clave y el reto para quienes dirigen personas en toda organización.

Sin **resultados** nada fluye. Todo podrá parecer muy bonito a corto plazo, pero será insostenible; no habrá equipo y pronto tornará todo a tenso y dramático.

Sin **excelencia** en el trato, en los comportamientos, en lo fácil y lo difícil, en los resultados y en el cómo se logran, en el ambiente de trabajo, en la ejecución de las tareas, en el prestigio del líder... no habrá buenos resultados sostenibles y no habrá progreso a largo plazo.

Sin **motivación** no se obtendrá lo mejor de cada individuo ni del equipo en su conjunto. La motivación activa energías, esfuerzos, compromiso, responsabilidad y ese clima adecuado capaz de superar cualquier reto.

Sin **alto rendimiento** no se da el máximo, y con lo suficiente no llegamos. El alto rendimiento genera ejecución superior, crecimiento, profesionalización y los mejores resultados posibles.

Cada factor por sí solo no garantiza nada, pero los cuatro juntos son un poderoso combinado de éxito y bienestar. Si falta uno solo de ellos todo el conjunto es mediocre y los buenos resultados, la excelencia y buen ambiente, la motivación y el alto rendimiento no duran y uno tras otro se vienen abajo.

Alto rendimiento motivante y excelente con resultados, resultados con excelencia de alto rendimiento y motivante, motivación con alto rendimiento y excelente que da resultados... Toda combinación de estos cuatro factores crea un entorno de alta productividad, capaz, atractivo, coherente, saludable y fuerte.

¿Y de quien depende que esto ocurra en cada área, departamento, pasillo y día en la empresa? Principalmente de todos y cada uno de los mandos de la empresa, desde la alta dirección hasta supervisores de línea. Es una esencia común, un sello de buen liderazgo inequívoco que obliga a quienes dirigen personas a una calidad de gestión y comportamientos directivos de primera, cada vez, toda vez y todo el tiempo.

Bienvenidos al **Liderazgo REMAR**, liderazgo de vanguardia, capaz de movilizar y ganarse a los buenos profesionales, de cualquier generación, cultura y diversidad, y crear equipos poderosos en toda circunstancia.

Así pues, ¡ánimo y adelante! Cada profesional y cada líder tiene que comprometerse en hacer esto realidad, en ir a por ello. Y empezando ya, yendo ya a hacerlo realidad desde uno mismo, porque «Si no vas... ¡No has ido!».

¿Qué aplicar para empezar?

Cuando mi editor leyó el manuscrito fue el primero en pedirme, ávido por «Ir hacia...», alguna herramienta práctica que ayudara a situar un punto de partida. Y una cuestión importante es averiguar si uno es, según el puesto que ocupa, un jefe que dirige bien o un colaborador que da rendimiento de calidad. En suma, se trata de poder verificar el nivel de calidad profesional de cada persona. ¿Cómo saber de alguien si su nivel de calidad como directivo o como colaborador es correcto?

Existen diversos recursos técnicos para la medición de la calidad de rendimiento profesional: evaluaciones de competencias, encuestas de clima laboral, análisis de los resultados individuales, etc. Pero los más fiables suelen ser al tiempo los más complejos, tanto en cuanto al esfuerzo para realizarlos como para analizar los datos posteriormente.

Propongo aquí un sistema muy simple y de una eficacia asombrosa. Se basa en un aspecto que la experiencia acaba enseñando: los profesionales que son valorados muy positivamente por los que trabajan junto a ellos, siempre acaban siendo los más eficaces, fiables, productivos y positivos, y suelen ser buenos directivos los que dan un nivel más alto en la valoración global de competencias y los que ofrecen una aportación de valor y resultados por encima de la media.

Así que... ¿para qué complicar las cosas? Midamos justo eso y tendremos una identificación rápida y simple de quiénes son los buenos directivos y los mejores profesionales en la empresa. Si a este dato le añadimos una valoración de los resultados obtenidos por esa persona en los últimos dos o tres años, el sistema adquiere una precisión prácticamente infalible. Vamos, que si alguien ofrece una trayectoria satisfactoria en resultados y además se ha ganado el respeto y el aprecio profesional de los que le rodean, estaremos ante un miembro del equipo excelente, sea jefe o colaborador.

Basta con hacer la prueba con nuestros equipos, incluso empezando con uno mismo. Se trata de hacer unas preguntas a nuestro entorno y «chequear» la calidad profesional o directiva (en la siguiente página hay un breve test para ello).

Propongo hacer copias de estas preguntas y repartirlas entre las personas con las que se trabaje, pidiéndoles que contesten con toda sinceridad. Deben responder de forma anónima, por ello solo tienen que rodear con un círculo lo que consideren que refleja su opinión, y al final todos deben meter el papel en una caja o sobre; así no habrá forma de saber lo que ha respondido cada uno.

Cuanto mayor sea la muestra, más realista será el resultado (es aconsejable un mínimo de cuatro evaluadores). Si en el momento de hacer el test tenemos alguna situación de conflicto con alguna persona, es preferible excluirla de la muestra, ya que distorsionará en exceso el resultado.

¡Hay que animarse a medirse y a *autoexigirse* el primero!

Confío en que, sea cual sea el resultado, las conclusiones obtenidas serán útiles para que todo vaya mejor.

Test de calidad profesional

Este test es para valorar

a: _____

	A	**B**	**C**
Si tuvieras tu propia empresa y te plantearas incorporar a un buen profesional, ¿contratarías sin dudar a esta persona?	Sí	Quizás	No
¿Crees que la aportación y la presencia de esta persona es útil para el equipo?, ¿supone una ayuda y un apoyo solvente para que todo vaya mejor?	Sí	A medias	No
Si te dieran la oportunidad de elegir entre seguir trabajando con esta persona o traer para su puesto a una nueva y desconocida, ¿preferirías que siguiera la actual?	Sí	Me daría igual	No
¿Es una persona competente y cumplidora?	Sí	A veces	No

¿Dirías que está implicada con el proyecto de la empresa y trasmite ilusión?	Sí	A medias	No
¿Es ejemplar y se preocupa por la excelencia y la calidad del trabajo?	Sí	A medias	No
Si tú ya no trabajaras en esta empresa y un buen amigo tuyo de otra compañía te llamara para pedirte referencias sobre esta persona, ¿se la recomendarías como profesional?	Sí	Ni sí ni no	No

Valoración:

Sumar los puntos alcanzados según el siguiente baremo:

A = 2 puntos.
B = 1 puntos.
C = 0 puntos.

13 o 14 puntos: El nivel de calidad profesional de la persona evaluada es excelente.

12 puntos: Aprobado justito, la persona en cuestión tiene que mejorar sin demora.

Menos de 12 puntos: La persona evaluada no ha alcanzado el nivel de calidad profesional que todos esperan de ella y del que seguramente es capaz. Sería recomendable hablar con ella para animarla a mejorar; o que esta persona hable y escuche a sus compañeros, y pida y acepte ayuda para mejorar y abrirse a modificar todo lo que precise.

Despedida

Quiero despedirme animando a todo el mundo a ir, a dar un paso adelante para hacer posible este nuevo mundo laboral y personal en el que todo se equilibre. Y no es cuestión de esperar al momento idóneo o a que los otros, los de arriba o los de abajo, sean los óptimos y hagan lo ideal.

Se trata de que cada uno de nosotros, como individuos, asumamos el compromiso de vivir y trabajar mejor. Porque si todos cumplimos con nuestra parte, si cada cual acepta su compromiso, el gran reto no será una utopía, sino un objetivo. Cada uno debe dar lo mejor de sí desde su puesto, y así pronto veremos los gratificantes resultados:

Trabajar y vivir con calidad.

Espero la lectura de este libro haya resultado placentera y confío en que habré despertado el deseo de muchos de ponerse en marcha.

Estaré encantado de recibir cualquier comentario u opinión en mi dirección de correo electrónico: rema@ottowalter.com

Paco Muro

FIN del libro...

y principio de la acción:

¡Cada uno a su remo!